Meinem Lehrer

Walter Hörmann

zum 70. Geburtstag

ISBN 978-3-662-31339-8 ISBN 978-3-662-31544-6 (eBook)
DOI 10.1007/978-3-662-31544-6

Übersicht

Einleitung Seite

1. Geschichtliche Betrachtung 1
2. Begriffsbestimmungen 8
3. Rechtsstellung der religiösen Gruppen 13
4. Die religions- und kirchenpolitischen Gesetzesbestimmungen .. 18
5. Ergebnis und Folgerungen 65
6. Schlußbetrachtung 71

Einleitung

Der Gottesglaube oder die Religion und die Zusammenfassung derer, die demselben Gottesglauben huldigen, die Religionsgenossenschaft, sind verschiedene Dinge. Und doch werden sie in der Gesetzgebung seit jeher zusammengeworfen und daher auch in den Entscheidungen der Gerichts- und Verwaltungsbehörden und selbst in der Wissenschaft nicht streng voneinander geschieden. Ja, nach der Anschauung mancher sind sie für den staatlichen Bereich gar nicht zu scheiden[1]). Immer wird dabei von einem Einzelfall oder von einer Einzelfrage ausgegangen, und infolgedessen das weite Gefilde des Problems nicht überblickt. Eine Zusammenschau tut daher not. Sie wird ihren Zweck aber nur dann voll erfüllen, wenn sie mit einer Rückschau verbunden wird, die den Werdegang der Religionsfreiheit und der Gesetzgebung in Religionssachen, vor allem in Österreich, aufzeigt.

1. Geschichtliche Betrachtung

Dem heidnischen Altertum war Religionsfreiheit durchaus fremd[2]). Jeder Staat hatte seine eigene Religion, deren Pflege eine staatliche Angelegenheit war. Erst durch das Christentum wurde es anders, da jetzt eine Religion auf den Plan trat, die staatlich unabhängig sein wollte und darauf ausging, Weltreligion zu werden. Durch seine Anerkennung im Toleranzerlaß des Galerius von 311[3]) und dessen

[1]) So sagt O. Illasiewicz (Das Religionsbekenntnis der Kinder nach österreichischem Recht [Österr. Ztschr. f. Verw., 32. Jg., 1899]), S. 214: Der Staat „ist aus praktischen, aus Verwaltungsrücksichten gezwungen, Religion und Religionsgesellschaft für seinen Bereich zu identifizieren".

[2]) Vgl. zum folgenden W. Kahl, Lehrsystem des Kirchenrechts und der Kirchenpolitik, 1. Hälfte, Freiburg i. B. und Leipzig, 1894, S. 291 f.; J. B. Sägmüller, Lehrbuch des katholischen Kirchenrechts, 1. Bd., 4. Aufl., Freiburg i. B., 1925 ff., S. 123 ff.

[3]) E. Caspar, Geschichte des Papsttums von den Anfängen bis zur Höhe der Weltherrschaft, 1. Bd., Tübingen, 1930, S. 103 ff.

nähere Durchführung im sogenannten Mailänder Edikt des Jahres 313 kam es erstmals zu einem Ansatz von Religionsfreiheit im Sinne eines Persönlichkeitsrechtes: jeder einzelne konnte sich für Christentum oder Heidentum entscheiden, das eine wie das andere frei bekennen und betätigen, ohne darum rechtliche Nachteile befürchten zu müssen. Mit der Erhebung des Christentums zur Staatsreligion unter Theodosius II. (380) und der damit Hand in Hand gehenden Verbietung und Verfolgung des Heidentums war die Religionsfreiheit auf viele Jahrhunderte dahin. Erst in der Zeit der Reformation (16. Jahrh.) tauchte sie wieder auf, hatte aber auf lange hinaus ein ganz anderes Gepräge[4]). Den Ausgangspunkt bildet das Ringen einer neuen Religionspartei um Geltung und Anerkennung; nicht um Religionsfreiheit des einzelnen, sondern um Kirchenfreiheit ging es. Die freie Religionswahl stand, auf Katholizismus und Luthertum beschränkt, nur dem Landesherrn zu, nach dem sich die Untertanen zu richten hatten (Religionsbann, ius reformandi), und war keine private, sondern eine hochpolitische Angelegenheit. Daran änderte auch der Westfälische Friede nicht viel. Er ließ nur auch die reformierte Konfession zu und beschränkte das Religionsbestimmungsrecht des Landesherrn durch Einführung eines Normaljahres zugunsten der Untertanen. Die Landesherren ließen darüber hinaus auch andere Religionen zu, was 1803 durch den Reichsdeputationshauptschluß (§ 63) staatsrechtlich gedeckt wurde.

Für Österreich hatte der Westfälische Friede keine sonderliche Bedeutung, da die Erblande (außer Schlesien) von seiner Geltung ausdrücklich (I. P. O., Art. V, §§ 38 bis 41) ausgenommen waren[5]). Hier hatte Josef II. auf

[4]) Zum folgenden H. Fürstenau, Das Grundrecht der Religionsfreiheit nach seiner geschichtlichen Entwickelung und heutigen Geltung in Deutschland, Leipzig, 1891, S. 9 ff.; O. Gierke, Deutsches Privatrecht (Systematisches Handbuch der Deutschen Rechtswissenschaft, 2. Abt., 3. Teil), 1. Bd., Leipzig, 1895, S. 434 ff.; M. v. Hussarek, Grundriß des Staatskirchenrechts (Grundriß des österr. Rechts in system. Bearb., 3. Bd., 3. Abt.), 2. Aufl., Leipzig, 1908, S. 10.

[5]) Zum folgenden J. Beidtel, Untersuchungen über die kirchlichen Zustände in den kais. österreichischen Staaten, Wien, 1849, S. 82 ff.; J. Freisen, Verfassungsgeschichte der katholischen Kirche Deutschlands in der Neuzeit, Leipzig und Berlin, 1916, S. 85 ff.; C. Henner, Interkonfessionelle Verhältnisse (Österr. Staatswb., 2. Aufl., 2. Bd., Wien, 1906), S. 907 ff., und Hussarek, Staatskirchenrecht, S. 6 ff.

eigene Faust im Toleranzpatent (1781) den Evangelischen beider Bekenntnisse und den nichtunierten Griechen freie Religionsübung gewährt. Es gab hier sonach neben der herrschenden (dominanten) katholischen Kirche die geduldete (tolerierte) evangelische und griechische Kirche und das nach Sonderrecht lebende Judentum. Wer sich nicht ausdrücklich zu einer anderen Religion bekannte, galt als Katholik[6]). Andere Religionen und Religionsgesellschaften waren nicht geduldet, scharf ging man gegen Sektierer vor. Nichtsdestoweniger hat aber noch Josef II. gelegentlich einer Bereisung der Bukowina den dort ansässigen Gregorianern (armenischen Griechen) und Lippowanern kurzerhand freie Religionsübung zugestanden[7]) und den Mennoniten, einer niederländischen Wiedertäufersekte, die Ansiedlung in Galizien und damit die Ausübung ihrer Religion erlaubt[8]). Als eigene Religionsgemeinschaften wurden sie darum aber nicht betrachtet, vielmehr in die schon bestehenden der nichtunierten Griechen bzw. Lutheraner eingereiht. Die eigenartigste Stellung erlangten später die Anglikaner[9]). Ihnen wurde im Jahre 1821 die Gründung einer eigenen Gemeinde mit einem besonderen Seelsorger in Triest gestattet, die aber der helvetischen Gemeinde daselbst eingegliedert war. Ähnlich scheint es übrigens um die Karaïten, eine jüdische Sekte, die den Talmud verwirft und in Halicz (Galizien) ansässig ist, gestanden zu haben[10]). Sie waren schon durch die polnischen

---

[6]) G. Rechberger, Handbuch des Kirchenrechts, 4. Aufl., 1 Bd., Linz, 1825, S. 206*; Henner, Interk. Verhältnisse, S. 907; G. Frank, Toleranzpatent (Österr. Staatswb., 2. Aufl., 4. Bd., Wien, 1909), S. 560.

[7]) Kais. Handschreiben vom 19. Juni 1783 an den Hofkriegsratspräsidenten (P. 9); J. Polek, Josephs II. Reisen nach Galizien und der Bukowina (Jb. d. Bukowiner Landes-Museums, 3. Jg., Czernowitz, 1895), S. 62; R. Kaindl, Kaiser Joseph II. in seinem Verhältnisse zur Bukowina, Czernowitz, 1896, S. 15; Burckhard, Die Standesregister in Österreich (Österr. Ztschr. f. Verw., 22. Jg., 1889) S. 189; H. Heidlmair, Das österreichische Kultuswesen (S. A. aus Mayrhofers Handb. f. d. polit. Verw. Dienst, 5. Aufl., 4. Bd.), Wien, 1898, S. 477 ff.

[8]) Burckhard, Standesregister, S. 190; Heidlmair, Kultuswesen, S. 18[1].

[9]) Burckhard, a. a. O.; Heidlmair, a. a. O., und S. 383[1]; C. Henner, Religionsgesellschaften (Österr. Staatswb., 2. Aufl., 4. Bd., Wien, 1909), S. 106.

[10]) R. v. Scherer, Juden (Österr. Staatswb., 2. Aufl., 2. Bd., Wien, 1906), S. 967 f.; Heidlmair, Kultuswesen, S. 18[2].

Könige den Christen fast gleichgestellt worden und nahmen seither eine Sonderstellung unter der Judenschaft ein. Es gab mithin Bekenner, deren Religion und in gewissem Ausmaß auch deren Organisation geduldet wurde, ohne daß sie von Staats wegen als eigene Religionsgemeinschaft angesehen wurden. Daneben gab es — wohl nur unter den Ausländern — die Mohammedaner, denen weder Religionsübung noch Gründung einer Religionsgemeinschaft zugestanden war. Trotzdem fand aber ihre Religion Berücksichtigung, z. B. bei der Eidesleistung, die 1806 und dann neuerdings 1826 geregelt wurde. Damals war eine Wahl nur zwischen den zugelassenen Religionen, und deren Übung nur den Mitgliedern einer zugelassenen Religionsgenossenschaft gestattet. Religionsübung war bis dahin Mitgliedschaftsrecht. Anders wurde es erst im Jahre 1848.

Inzwischen hatte die Religionsfreiheit durch die nordamerikanische Freiheitsbewegung (1776) und die Französische Revolution (1789) als Menschenrecht, d. h. als Persönlichkeitsrecht, ihren Siegeszug angetreten, hatte in der Frankfurter Nationalversammlung am 27. Dezember 1848 und auch alsbald in Österreich als Glaubens- und Gewissensfreiheit Eingang gefunden[11]). Die Pillersdorfsche Verfassung vom 25. April 1848 hatte zum erstenmal (§ 17) allen Staatsbürgern die volle Glaubens- und Gewissensfreiheit gewährleistet und allen anerkannten christlichen Bekenntnissen und dem israelitischen Kultus die freie Ausübung des Gottesdienstes gesichert (§ 31). Die „Reichsverfassung" (Kais. Patent vom 4. März 1849, RGBl. Nr. 151) gewährte jedermann häusliche Übung seines Bekenntnisses (§ 1) und jeder gesetzlich anerkannten Kirche und Religionsgesellschaft gemeinsame öffentliche Religionsübung (§ 2). Damit war neben die Religion des einzelnen mit ihrer häuslichen Übung die Gemeinschaftsreligion getreten, Religion und Religionsgenossenschaft waren damit deutlich voneinander geschieden. Das Silvesterpatent (Kais. Patent vom 31. Dezember 1851, RGBl. Nr. 3/1852) ließ aber wieder nur die anerkannten Kirchen und Religionsgesellschaften bestehen. Dabei blieb es — abgesehen und trotz der im kurzlebigen Oktoberdiplom (Kais. Diplom vom 20. Oktober 1860, RGBl. Nr. 226) „Allen verbürgten freien Religionsübung" — bis zur De-

[11]) G. Jellinek, Die Erklärung der Menschen- und Bürgerrechte (Wissensch. Abh. u. Reden zur Philosophie, Politik und Geistesgeschichte, VI.), 4. Aufl. von W. Jellinek, München u. Leipzig, 1927, S. 3.

zemberverfassung (21. Dezember 1867), deren Staatsgrundgesetz über die allgemeinen Rechte der Staatsbürger (RGBl. Nr. 142) wieder jedermann die volle Glaubens- und Gewissensfreiheit gewährleistete (Art. 14, Abs. 1), den gesetzlich anerkannten Kirchen und Religionsgesellschaften die gemeinsame öffentliche Religionsübung (Art. 15) und den „Anhängern eines gesetzlich nicht anerkannten Religionsbekenntnisses" die häusliche Religionsübung gestattete (Art. 16). Für letztere Gruppe führte die Verordnung vom 20. Oktober 1870, RGBl. Nr. 128, die irreführende und verhängnisvolle Bezeichnung „Konfessionslos" ein. Ausgeführt wurden diese grundsätzlichen Bestimmungen durch die drei älteren Maigesetze (vom 25. Mai 1868, RGBl. Nr. 47—49). Wiederum hieß es, Religion und Religionsgenossenschaft voneinander streng zu unterscheiden, insbesondere aber anerkannte Religionen und nicht anerkannte. Geschehen ist es nicht. Wie ein roter Faden durchzieht daher die Gesetzgebung und infolgedessen auch die Rechtsprechung die Verquickung und Verwechslung beider Begriffe, damit die Unklarheit und ein beständiges Schwanken. Auch die Entstehungsgeschichte dieser Gesetze schafft keine Klarheit. Die Sitzungsprotokolle des Reichsrates aus jener Zeit geben keinen Aufschluß darüber. Überall herrscht Verwirrung der Begriffe und der Worte für Religion und Religionsgenossenschaft. Es war eine leidenschaftliche Zeit. Die Frage der Durchbrechung des Konkordats, nachdem seine Kündigung nicht angenommen worden, und eine Änderung nicht zu erreichen war, stand auf der Tagesordnung und erhitzte die Gemüter. Im Reichsrate standen sich die Verfechter des Konkordats und seine Gegner schroff gegenüber. Die allgemeine Erörterung der Religionsbestimmungen der Verfassung und ihrer Durchführung erstreckte und beschränkte sich fast ausschließlich aufs Konkordat, während den einzelnen Bestimmungen wenig Beachtung geschenkt wurde. Lehrreich ist in dieser Hinsicht insbesondere die Entstehung der älteren Maigesetze. Den ersten Anstoß hiezu gab — so seltsam das auch klingen mag — das Konkordat[12]). Es war am 1. Jänner 1857 für die katholische Kirche in Kraft getreten und hatte ihr ver-

[12]) Zum folgenden J. F. v. Schulte, Lebenserinnerungen, 1. Bd., 4. Aufl., Gießen, 1908, S. 189 f.; Freisen, Verfassungsgeschichte, S. 88 f.; M. Hussarek, Die Krise und die Lösung des Konkordats vom 18. August 1855 (Akad. d. Wiss. in Wien, phil.-hist. Kl., Hist. Komm., Archiv f. österr. Geschichte, 112. Bd., 2. Hälfte, Wien u. Leipzig, 1932), S. 284 ff.; Henner, Interk. Verhältnisse, S. 908 f.

schiedene Vorrechte gebracht. Die evangelische Kirche fühlte sich dadurch zurückgesetzt und verlangte auch ihrerseits freie Selbstverwaltung und Beseitigung der sie noch in ihrer Betätigung einengenden Bestimmungen. Sie erlangte tatsächlich das freisinnige Protestantenpatent (vom 8. April 1861, RGBl. Nr. 41), das noch heute die Grundlage der evangelischen Kirche in Österreich bildet. Eingangs dieses Patentes wurde der „Grundsatz der Gleichberechtigung aller anerkannten Konfessionen" betont. In Verfolg dieses Grundsatzes hatte die Regierung die Vorlage des Entwurfes eines interkonfessionellen Gesetzes verheißen und in Aussicht genommen, ihn aber wegen des Widerstandes der Kurie nicht eingebracht. Auch der Entwurf eines solchen durch den Abgeordneten Mühlfeld, in dem „die Grundsätze und Vorschriften in betreff der Religionsverhältnisse überhaupt und der Kirchen und Religionsgesellschaften insbesondere" festgestellt werden sollten (Religionsedikt 1862), kam nicht zur Beratung. Am 17. Juni 1867 brachte der Genannte neuerdings einen Antrag auf Erlassung eines Religionsgesetzes im Abgeordnetenhause ein. Aber auch dieser wurde nicht zu Ende beraten, sondern es wurde im Schoße des konfessionellen Ausschusses der Entwurf der späteren drei Maigesetze ausgearbeitet und mit gewissen Änderungen, die die Regierung gewünscht hatte, überraschend schnell angenommen und in der Vollsitzung ohne viel Federlesens beschlossen. Aus den Aussprachen ist für unsere Frage fast nichts zu entnehmen. Von den Konfessionslosen war gar nicht die Rede. Sie waren nicht zeitgemäß. Es gab deren wohl nur vereinzelte, jedenfalls fand sich keiner unter den Abgeordneten. So konnte man über die Konfessionslosigkeit hinwegsehen. Als dann 1869 die Frage dringend wurde, weil, wie der damalige Unterrichtsminister Hasner im Herrenhaus ausführte, „in der Praxis bereits Anfragen an die Regierung gelangt sind, in bezug auf welche sie keine Antwort geben konnte, indem es sich eben darum handelt, daß einzelne Personen, denen nach unserer heutigen Gesetzgebung die Berechtigung zusteht, einer anerkannten Konfession nicht zuzugehören, gar nicht in der Lage sind, eine Ehe abzuschließen oder den Status der Kinder sicherzustellen[13]), weigerte sich das Herrenhaus dennoch, die Eheschließung Konfessionsloser sofort zu regeln, sondern verschob die Angelegenheit aufs nächste Jahr. Erst das Gesetz vom 9. April 1870, RGBl.

[13]) Stenogr. Prot. d. Herrenhauses, IV. Session, 1869, S. 1934.

Nr. 51, brachte die gewünschte Lösung. Und eines der jüngeren Maigesetze (20. Mai 1874, RGBl. Nr. 68) ordnete die Entstehung neuer Religionsgenossenschaften. Manch andere religionspolitische Frage ist aber bis heute nicht erledigt. Auch der Staatsvertrag von St. Germain[14]) und die Verfassungen nach dem Umsturz haben nichts wesentlich Neues gebracht, vielmehr das maßgebliche Staatsgrundgesetz über die allgemeinen Rechte der Staatsbürger beibehalten. Erst die neue Verfassung 1934[15]) schafft in einigen Punkten Klarheit und Neuerungen, unter letzteren insbesondere die Möglichkeit des Zusammenschlusses der Anhänger eines nicht anerkannten Bekenntnisses zu einer privaten Religionsgemeinschaft neben der weiteren Entstehung öffentlich-rechtlicher Religionsgenossenschaften.

Die vorstehende Überschau zeigt als den Ausgangspunkt für die seit der Reformation neu aufkommende Religionsfreiheit die Kultusfreiheit[16]) neuer Religionsgemeinschaften. Nur als ihr Mitglied konnte der einzelne seine Religion betätigen; freigestellt war ihm nicht — und später nur in beschränktem Maße — die Wahl der Religion, freigegeben war ihm die Ausübung und auch das nur als Mitglied. Erst um die Mitte des vorigen Jahrhunderts gesellte sich hinzu ein angelsächsischer Gedanke, der über Frankreich aufs Festland gekommen war, der der Religionsfreiheit des einzelnen, der Glaubens- und Gewissensfreiheit als eines Persönlichkeitsrechtes. Nur allmählich setzte sich dieser neue Gedanke durch. Schleppend, zögernd und unvollständig wurde ihm in der Gesetzgebung Raum gewährt, die bis dahin ganz auf die anerkannten Religionen und die ihnen entsprechenden Religionsgenossenschaften abgestellt war. Kein Wunder, daß man daher Religion und Religionsgenossenschaft immer miteinander verquickte und der Tatsache viel zu wenig Rechnung trug, daß es auch Religionen gab, denen anerkannte Religionsgenossenschaften gar nicht entsprachen, daß also Glaubens- und Kirchenzugehörigkeit nicht immer zusammenfallen müssen und daher strenge voneinander zu scheiden sind.

---

[14]) G. Froehlich, Die Wirkungen des Staatsvertrages von St. Germain auf unsere Verfassung (Ztschr. f. öffentl. Recht, 1. Bd., 1919/20), S. 420 ff., und R. Köstler, Die religionspolitischen Bestimmungen des Friedensvertrages (ebdort, 2. Bd., 1921), S. 325 ff.

[15]) Dazu A. Merkl, Die ständisch-autoritäre Verfassung Österreichs, Wien, 1935, S. 48 ff.

[16]) Kahl, Lehrsystem, I, S. 289 f.

2. Begriffsbestimmungen

Ehe ich zu den grundsätzlichen Erörterungen und zur Auslegung der einschlägigen Gesetzesbestimmungen[17]) übergehe, möchte ich, um volle Klarheit zu schaffen, ein paar Begriffe und Benennungen, die gewöhnlich durcheinander geworfen werden, feststellen. Es ist das um so notwendiger, als auf dem betreffenden Gebiete eine Begriffsverwirrung herrscht, die schon manches Mißverständnis erzeugt hat.

Religion ist Gottesglaube. Man spricht in der österr. Gesetzgebung von einer christlichen Religion (in der Einzahl)[18]), die sich dann wieder in die christlichen Religionen oder Konfessionen (Katholiken, Protestanten, Altkatholiken usw.) spaltet. Konfession oder — zu deutsch — Bekenntnis weist, auf religiöse Verhältnisse abgestellt, wie eben angedeutet, auf eine christliche Religion; die evangelische Religion selbst spaltet sich wieder in zwei Konfessionen oder Bekennt-

---

[17]) Um diese leichter beziehen zu können, seien die näher zu besprechenden einschlägigen Gesetze hier in zeitlicher Folge mit ihren Abkürzungen angeführt:

a) Allgemeines Bürgerliches Gesetzbuch vom 1. Juni 1811, JGS. Nr. 946 = ABGB.

b) Strafgesetz über Verbrechen, Vergehen und Übertretungen vom 27. Mai 1852, RGBl. Nr. 117 = StG.

c) Staatsgrundgesetz über die allgemeinen Rechte der Staatsbürger vom 21. Dezember 1867, RGBl. Nr. 142 = StGG.

d) Gesetz zur Regelung des Verfahrens bei den Eidesablegungen vor Gericht vom 3. Mai 1868, RGBl. Nr. 33 = EidG.

e) Gesetz, wodurch grundsätzliche Bestimmungen über das Verhältnis der Schule zur Kirche erlassen werden, vom 25. Mai 1868, RGBl. Nr. 48 = SchulG.

f) Gesetz, wodurch die interkonfessionellen Verhältnisse der Staatsbürger in den darin angegebenen Beziehungen geregelt werden, vom 25. Mai 1868, RGBl. Nr. 49 = InterkG.

g) Gesetz, durch welches die Grundsätze des Unterrichtswesens bezüglich der Volksschulen festgestellt werden, vom 14. Mai 1869, RGBl. Nr. 62 = RVSchG.

h) Gesetz, betreffend die gesetzliche Anerkennung von Religionsgesellschaften vom 20. Mai 1874, RGBl. Nr. 68 = AnerkG.

i) Staatsvertrag von St. Germain-en-Laye vom 10. September 1919, StGBl. Nr. 303/1920 = StV.

k) Verfassung 1934, BGBl. Nr. 239/I und Nr. 1/II = Verf.

Gerichtliche Entscheidungen werden abgekürzt durch: RGE., VfGE., VwGE., BGE. u. OGE. = Reichsgerichts-, Verfassungsgerichtshofs-, Verwaltungsgerichtshofs-, Bundesgerichtshofs- und des Obersten Gerichtshofs Erkenntnisse.

[18]) Z. B. ABGB. § 64; StG. § 122, d; EidG. § 4.

nisse, das Augsburgische und das Helvetische. Konfession oder Bekenntnis bezeichnet aber auch die Zusammenfassung der Anhänger des gleichen Bekenntnisses. Auch die förmliche Zusammenstellung ihrer wichtigsten Glaubenslehren heißt so[19]). Dann aber bedeuten beide Ausdrücke auch eine Gemeinschaftsreligion schlechthin, d. h. eine Religion, gleichgültig ob christlich oder nicht, zu der sich eine Mehrheit von Menschen hält[20]). „Sich zu etwas bekennen", heißt nach Sanders-Wülfing, „durch Wort oder Tat das Bekenntnis seiner Dazu- oder Angehörigkeit ablegen"[21]). Konfession oder Bekenntnis ist in diesem Sinn dann jede „Gemeinschaftsreligion", und der Kreis derer, die sie bekennen, die „Religionsgemeinschaft", das Wort nicht in rechtlicher, sondern in gesellschaftlicher Auffassung verstanden[22]). Solche Religionsbekenntnisse können wieder staatlich anerkannt sein oder nicht; durch diese Anerkennung werden sie zu gesetzlich anerkannten Religionsgenossenschaften. Die christlichen Religionsgenossenschaften werden gern als Kirchen, die übrigen — in Frage kommt in Österreich nur das Judentum — als Religionsgesellschaften im engeren Sinne bezeichnet. In der Gesetzgebung schwanken jedoch diese Ausdrücke sehr. Während das StGG. (Art. 15 und 17) von „Kirche und Religionsgesellschaft" sprach, verwendet das InterkG. gewöhnlich den Ausdruck „Kirche oder Religionsgenossenschaft" (aber Art. 13—15: „Kirche oder Religionsgesellschaft" und Art. 7 „Religionspartei") und das AnerkG. regelmäßig den Ausdruck „Religionsgesellschaft" im weiteren Sinne (aber § 2: Kirchen- [!] und Religionsgesellschaften"). Die jetzige Verfassung spricht gewöhnlich (Art. 29 ff.) von „Kirche und Religionsgesellschaft", verwendet aber letzteres Wort im Art. 28 im weiteren Sinne und führt dort auch

---

[19]) Vgl. OGE. vom 16. Mai 1905, Slg. N. F. 3059: Konfession bedeutet das Aussprechen des Glaubensbekenntnisses bei der Taufe, in der Reformationszeit heißen die Hauptbekenntnisschriften so. Vgl. auch H. Schulz, Deutsches Fremdwörterbuch, 1. Bd., Straßburg, 1913, S. 375, ‚Konfession'.

[20]) Auch das Wort Religion hat gewöhnlich diese Bedeutung: J. u. W. Grimm, Deutsches Wörterbuch, 8. Bd., Leipzig, 1893, Sp. 801.

[21]) D. Sanders, Handwörterbuch der deutschen Sprache, 8. Aufl. von J. E. Wülfing, Leipzig u. Wien, 1912, S. 90, ‚bekennen', 2, a.

[22]) Vgl. Th. Reintjes, Die Glaubensgemeinschaften im Strafrecht und in der Strafrechtsreform, Emsdetten, 1935, S. 1.

einen neuen Begriff ein, den der „zugelassenen Religionsgemeinschaft" für die private Religionsgenossenschaft. Da es solche Religionsgemeinschaften noch nicht gibt, kann die folgende Betrachtung von ihnen absehen. — Jede Religionsgenossenschaft zerfällt in Gemeinden, die gesetzlich bald Kultusgemeinden (AnerkG. § 4 ff.), bald Religionsgemeinden (InterkG. Art. 12 und 14) genannt werden.

Die den anerkannten Kirchen und Religionsgesellschaften entsprechenden Religionen werden auch kurzweg als anerkannte Religionen bezeichnet[23]). Die Ausdrucksweise empfiehlt sich durch ihre Kürze, nur muß man sich dessen bewußt bleiben, daß eine Religion als solche nie anerkannt wird[24]), sondern nur eine Religionsgenossenschaft, also ihre Organisation. Der Motivenbericht zum AnerkG. sagt: „Der Staat kann nicht mit religiösen Bekenntnissen, sondern nur mit kirchlichen Organismen traktieren"[25]). Damit ist aber nicht gesagt, daß die Religion oder das Bekenntnis oder das Religionsbekenntnis als solches rechtlich keine Bedeutung haben könne. Diese Meinung würde durch das StGG. (Art. 16) widerlegt, das von „Anhängern eines gesetzlich nicht anerkannten Religionsbekenntnisses" spricht. Dieser Ausdruck fällt aber nicht, was vielfach übersehen wird, zusammen mit dem verwandten, nämlich den „Personen, welche keiner gesetzlich anerkannten Kirche oder Religionsgesellschaft angehören" (Überschrift des Gesetzes vom 9. April 1870, RGBl. Nr. 51), die in der Durchführungsverordnung zu diesem Gesetz vom 20. Oktober 1870, RGBl. Nr. 128, wie schon erwähnt, kurzweg als „konfessionslos" bezeichnet werden. Dieser Ausdruck hat wegen seiner Mehrdeutigkeit und seiner Verwendung in einem ganz ungebräuchlichen Sinne, wie ich

---

[23]) Illasiewicz, Religionsbekenntnis, S. 209; L. Adamovich, Grundriß des österreichischen Staatsrechtes, 2. Aufl., Wien, 1932, S. 111.

[24]) Unrichtig daher M. v. Hussarek, Die religiöse Erziehung der Kinder nach österreichischem Rechte (Ztschr. f. d. Priv. u. öff. Recht d. Gegw., 23. Bd., 1896) S. 620: „Erst durch die staatliche Anerkennung wird eine gemeinsam angenommene Glaubensüberzeugung zum Religionsbekenntnisse im Rechtssinne." Das Gesetz vom 15. November 1867, RGBl. Nr. 135, über das Versammlungsrecht (§ 5), spricht von einem „gesetzlich gestatteten Kultus". Auch das gibt es genau genommen nicht.

[25]) Beilage 43 der Stenogr. Prot. d. Abgeordnetenhauses, VIII. Session, 1. Bd., in: Gesetze und Verordnungen in Kultussachen (Taschenausgabe der österr. Ges., 26. Bd.), hsgg. v. Burckhard, 3. Aufl., 1. Abt., Wien, 1895, S. 9.

schon anderwärts[26]) ausgeführt habe viel Unheil gestiftet. Konfessionslos — zu deutsch: bekenntnislos — bedeutet nämlich gemeiniglich: „Keiner Gemeinschaftsreligion angehörig"; der Ausdruck ist also auf die Religion abgestellt (Gegensatz: konfessionell) und nicht auf einen Verband. Er drückt mithin im gewöhnlichen Sprachgebrauch gerade das nicht aus, was er hier besagen soll, nämlich den Mangel der Zugehörigkeit zu einer (staatlich anerkannten) Religionsgenossenschaft. Zu den sogenannten „Konfessionslosen" gehören nämlich nicht nur die, die keiner Religion huldigen, also die Gottlosen oder Gottleugner, die Religions- oder Glaubenslosen, sondern auch die, die sich ihre Religion (Privatreligion) selbst zimmern — sie sind mangels einer Gemeinschaftsreligion oder eines Bekenntnisses die wahren Konfessions- oder Bekenntnislosen! — und endlich „die Anhänger eines gesetzlich nicht anerkannten Bekenntnisses", die also alles eher als wirklich konfessionslos sind, vielmehr, wie die Anglikaner, tief religiös sein können[27]). Wenn hier im Schrifttum unterschieden wird, kommt es gewöhnlich nur zu einer Zweiteilung: keiner religiösen Gemeinschaft angehörig und einer nicht anerkannten religiösen Gemeinschaft angehörig[28]). Man wende gegen diese[29]) oder meine weitergehende Unterscheidung nicht ein den Satz: man darf nicht unterscheiden, wo das Gesetz nicht unterscheidet; denn die gesetzlichen Bestimmungen lassen, wie sich noch zeigen wird, die angegebene Unterscheidung durchaus zu.

Ich fasse zusammen und unterscheide: vor allem Re-

---

[26]) R. Köstler, Grundfragen des Konkordats-Eherechtes (J. Bl., 64. Jg., 1935), S. 135[25].

[27]) Die beste Übersicht über die Freikirchen Österreichs bietet H. Bargmann, Die Freikirchen in Österreich (Ekklesia, IV, Gotha, 1935), S. 144 ff.

[28]) Heidlmair, Kultuswesen, S. 16[1]; K. Hirsch, Wer ist konfessionslos? (Theol.-prakt. Quartalschr., 45. Jg., 1892), S. 732; O. v. Lutterotti, Das Ehehindernis der Religionsverschiedenheit und die Anglikaner (Allg. österr. Ger. Ztg., 56. Jg., 1905), S. 116; F. J. v. Mahl-Schedl, Konfessionslose Personen (Österr. Staatswb., 2. Aufl., 3. Bd., Wien, 1907), S. 130; W. Gerdes, Der Begriff der Konfessionslosigkeit im österreichischen Recht (Jb. d. Österr. Leo-Ges., Wien, 1932). S. 35; R. Bartsch in Klangs Kommentar zum Allgemeinen Bürgerlichen Gesetzbuch, 1. Bd., 1. Halbband, Wien, 1933, S. 846.

[29]) A. v. Di Pauli, Konfessionslose und Konfessionslosigkeit nach österreichischem Recht (Arch. f. kath. Kirchenrecht, 87. Bd., 1907), S. 438 f.

ligion (Gottesglaube) und Religionsgemeinschaft (Bekennerschaft derselben Religion). Jene ist christlich beim Glauben an Christus als den Heiland und Erlöser[30]), sonst nicht christlich. Sie ist die Religion eines einzelnen (Privatreligion) oder die einer Gemeinschaft (Gemeinschaftsreligion), letztere wird im Gesetz als Religion, Bekenntnis oder auch als Religionsbekenntnis bezeichnet. Ein solches Bekenntnis kann anerkannt sein oder nicht. Die Träger eines Bekenntnisses nenne ich Religionsgenossen oder Bekenner; sie bilden zusammen die Religionsgemeinschaft, die, wenn sie christlich ist, als Kirche, sonst als Religionsgesellschaft bezeichnet wird. Durch die staatliche Anerkennung werden Religions**gemein**schaften zu (gesetzlich anerkannten) Religions**genossen**schaften, ihre Mitglieder zu Religionsgenossenschaftern, und scheiden sich in gesetzlich anerkannte Kirchen bzw. Religions**gesell**schaften. Die Zugehörigkeit zu einer gesetzlich anerkannten Religionsgenossenschaft nenne ich der Kürze halber „Kirchenzugehörigkeit"[31]) und stelle ihr gegenüber die „Religionszugehörigkeit" als Zugehörigkeit zu einer Gemeinschaftsreligion. „Personen, welche keiner gesetzlich anerkannten Kirche oder Religionsgesellschaft angehören", bezeichne ich zur Vermeidung des Unglückswortes „konfessionslos" und in Anlehnung an einen alten österreichischen und auswärtigen Sprachgebrauch als „Dissidenten"[32]). Denn er drückt sprachlich das, worauf es hier ankommt, besser aus, nämlich

[30]) Auch die Mohammedaner glauben an Christus, sehen in ihm aber nicht den Erlöser, sondern einen der 6 Propheten, deren letzter Mohammed war.

[31]) Diese Bezeichnung ist allerdings nicht ganz genau, insofern aber doch begründet, als es sich mit einer einzigen Ausnahme (Judenschaft) um christliche Religionsgenossenschaften, also um Kirchen handelt.

[32]) Er stammt wohl aus dem Sprachgebrauch Polens, wo die Protestanten so genannt wurden, und kommt, soviel ich sehe, erstmals in Österreich im Warschauer Traktat vom 24. Februar 1768 (2. Art., § 2), und im Traktat vom 18. September 1778 (Art. V), durch den Galizien an Österreich abgetreten wurde, für die Protestanten vor (Quellenbuch zur deutschen Ansiedlung in Galizien unter Kaiser Joseph II. [Ostdeutsche Forschungen, Bd. 3], hsgg. v. Seefeldt, Plauen i. V., 1935, S. 11 u. 18), später auch für die nichtunierten Griechen (ebdort, S. 84). Er steht somit nicht, wie P. Hinschius (Staat und Kirche [Marquardsens Handb. des Öff. Rechts, Freiburg i. B., 1883], S. 359[3]) meint, mit dem englischen Ausdruck ‚dissenters' in Zusammenhang, sondern stammt aus Polen: Schulz, Fremdwörterbuch, I, S. 150, ‚Dissident'.

die Losgelöstheit oder Abspaltung von einem Verbande[33]), aufs kirchliche Gebiet übertragen mithin etwa: außerhalb der anerkannten Religionsgenossenschaften stehend. Diese Dissidenten sind nun entweder mangels eines Gottesglaubens religions- oder glaubenslos, oder bei Vertretung ihrer Privatreligion bekenntnislos, sonst — der Kürze halber — nicht anerkannte Bekenner.

3. Rechtsstellung der religiösen Gruppen

Ich habe im vorstehenden vier religiöse Gruppen unterschieden: 1. Die Anhänger einer anerkannten Religion (Religionsgenossenschafter) — ich fasse sie als „anerkannte Bekenner" zusammen —, 2. die Bekenner einer nicht anerkannten Gemeinschaftsreligion — die „nicht anerkannten Bekenner" —, 3. die Vertreter ihrer eigenen Privatreligion — die „Bekenntnislosen" —, und schließlich 4. die Gottesleugner — die „Religions- oder Glaubenslosen". Daß unsere Gesetzgebung tatsächlich diese vier Gruppen kennt und welches ihre Rechtsstellung ist, soll im folgenden gezeigt werden.

1. Die Glaubenslosen sind geschützt durch die Glaubens- und Gewissensfreiheit. Sie besteht nicht, wie das StGG. besagte, für jedermann (Art. 14, Abs. 1) — tatsächlich war sie durch das ausführende InterkG. (Art. 4) auf Personen über 14 Jahre eingeschränkt — war aber anderseits auch nicht, wie der Titel des StGG. besagte, auf die Staatsbürger beschränkt[34]). Nach der jetzigen Verfassung (Art. 27, Abs. 1) besteht volle Klarheit. „Alle religionsmündigen Einwohner Österreichs genießen volle Glaubens- und Gewissensfreiheit". Die Glaubenslosen können ihre Glaubenslosigkeit innerhalb der gesetzlichen Schranken äußern (Art. 26) und (durch Unterlassung aller religiösen Handlungen) betätigen (Art. 27, Abs. 3). Sie dürfen um ihrer Überzeugung

[33]) Dis-sidere, entfernt sitzen, getrennt sein (Stowassers Lat.-Dtsches Schul- u. Handwörterb., 7. Aufl. [76. Tausend], v. M. Petschenig und F. Skutsch, Leipzig, 1930, S. 244); Dissidenten sind mithin Verbandsfremde.

[34]) Der Widerspruch zwischen Überschrift und Inhalt ist wohl darauf zurückzuführen, daß unser StGG. mit der Aufzählung von Freiheitsrechten eine Nachbildung der französischen Erklärung der Menschen- und Bürgerrechte ist (vgl. Jellinek, Erklärung, S. 3). Sie färbt auch noch auf die jetzige Verfassung ab, deren zweites Hauptstück „Allgemeine Rechte der Staatsbürger" überschrieben ist. Vgl. unten 4. Abschnitt, P. 3.

willen auch nicht rechtlich benachteiligt werden (ABGB. § 39, Verf. Art. 16, StV. Art. 66, Abs. 2); nur eines dürfen sie nicht: ihren Unglauben verbreiten — eine Bestimmung des Strafgesetzes (§ 122, d), die allerdings seit langem nicht mehr gehandhabt wird und daher heute als durch gegenteilige Gewohnheit abgeschafft gilt[35]) — und sich zu diesem Zwecke vereinigen oder versammeln[36]). Auch das Recht freier Meinungsäußerung besteht eben nur „innerhalb der gesetzlichen Schranken" (Verf. Art. 26, Abs. 1). Von einer Religionsübung kann hier natürlich nicht die Rede sein. StV. Art. 63, Abs. 2, kommt ihnen daher auch nicht zugute, da dieser allen Einwohnern Österreichs nur das Recht gibt, „öffentlich oder privat jede Art Glauben, Religion oder Bekenntnis frei zu üben", nicht aber Unglauben. Unrichtig sind daher auch die auf den StV. gegründeten Entscheidungen des Verwaltungsgerichtshofes, die die religionslose Erziehung der Kinder konfessionsloser Eltern zuließen[37]). Ich komme auf diese Entscheidungen noch zu sprechen[38]). Glaubenslosigkeit ist Ausfluß der Glaubens- und Gewissensfreiheit, diese aber ein Persönlichkeitsrecht, das nur Religionsmündige besitzen, daher nicht auch das Kind. Es darf daher auch kein Glaubensloser seine Kinder im Unglauben erziehen oder Glaubenslosigkeit als die Religion seiner Kinder erklären. Durch die nach dem Gesetz für das Kind zu treffende Religionsbestimmung wird auch seine Glaubens- und Gewissensfreiheit nicht berührt[39]), da er sie als sein höchstpersönliches Recht auf die Kinder nicht übertragen kann, das Kind aber selbst noch kein Recht darauf hat, vielmehr unter gesetzlichem Bekenntniszwang steht.

2. Die Bekenntnislosen lehnen sich an keine bestehende Religion an, sie gehen ihre eigenen Wege, schaffen sich ihr religiöses Weltbild selbst, unterscheiden sich aber von der vorstehenden Gruppe durch ihren Glauben an Gott. Für

---

[35]) So Th. Rittler, Lehrb. des österreichischen Strafrechts, 1. Bd., Wien, 1933, S. 21; vgl. unten Anm. 108.

[36]) Gesetze vom 15. November 1867, RGBl. Nr. 134 (Vereinsgesetz), und RGBl. Nr. 135 (Versammlungsgesetz), je § 6.

[37]) Z. B. VwGE. vom 18. Jänner 1924, Slg. 13.429 (A); vom 28. März 1927, Slg. 14.729 (A); vom 23. Mai 1931, Slg. 16.712 (A); ohne Berufung auf den StV. kommt zum gleichen Ergebnis: VfGE. vom 16. Mai 1927, Slg. 797.

[38]) Unten im 4. Abschnitt, P. 6.

[39]) Richtig: VwGE. vom 26. April 1877, Slg. 69; falsch: VfGE. vom 16. Mai 1927, Slg. 797.

Bekenntnislose gilt rechtlich im wesentlichen das gleiche wie für die Glaubenslosen. Nur in einem Punkte unterscheiden sie sich: sie können ihren Gottesglauben, ihre Privatreligion, betätigen und verbreiten. Ihnen kommt daher die oben erwähnte Bestimmung des StV. (Art. 63, Abs. 2) zugute und gewährt die Verfassung (Art. 27, Abs. 1) Freiheit der Religionsübung, „sofern diese nicht mit der öffentlichen Ordnung oder den guten Sitten unvereinbar ist".

3. Die nicht anerkannten Bekenner sind entweder Christen (z. B. Anglikaner, Presbyterianer, Baptisten, Methodisten, Quäker, Anhänger der Heilsarmee) oder sie sind es nicht (z. B. Karaïten, Buddhisten, Konfuzianer). Sie kommen als Träger einer bestimmten Gemeinschaftsreligion, eines Bekenntnisses, nicht aber als Religionsgenossenschaft in Frage. Überall dort, wo es also um Religion geht (z. B. Ehehindernis der Religionsverschiedenheit, Religion der Kinder, Eidesleistung, Religionsstörung) ist diese zu berücksichtigen und zu schützen. Gleichgültig ist es, ob die Bekenner In- oder Ausländer sind. Ihnen ist schon seit der Dezemberverfassung (StGG. Art. 16) die häusliche Religionsübung, durch den Staatsvertrag (Art. 63, Abs. 2) darüber hinaus sogar die öffentliche Religionsübung eingeräumt worden. Sie können daher jetzt sogar öffentliche Versammlungen und Umzüge veranstalten. Nur sie können sich unter den gesetzlichen Voraussetzungen zu anerkannten Religionsgenossenschaften (AnerkG. § 1) oder künftighin auch zu zugelassenen Religionsgemeinschaften (Verf. Art. 28) zusammenschließen.

4. Die anerkannten Bekenner sind — wenn ich von den bloß geduldeten Religionsgemeinschaften, die noch nicht bestehen, absehe — zugleich Mitglieder einer anerkannten Kirche oder Religionsgesellschaft (Religionsgenossenschafter). Man kann nicht Katholik, Protestant, Altkatholik oder Jude sein, ohne der betreffenden Religionsgenossenschaft anzugehören, und gilt auch umgekehrt ohne diese Voraussetzung nicht als Bekenner der betreffenden Religion. Das gilt ausnahmslos, vermeint die herrschende Lehre. Dem ist meines Erachtens aber doch nicht so. Es gibt vereinzelte Fälle, wo Glaubens- und Kirchenzugehörigkeit nicht zusammenfallen, und andere, wo die folgerichtige Durchführung der herrschenden Meinung zu Härten und Ungereimtheiten führen. Beispiele sollen das erläutern:

a) Eheliche Kinder folgen der Religion ihrer Eltern (InterkG. Art. 1). Was aber dann, wenn diese sie in die

Religionsgenossenschaft nicht aufnehmen lassen, wozu man sie vielleicht nicht zwingen kann, oder wenn die betreffende Religionsgenossenschaft aus irgendeinem Grunde (z. B. wegen Schließung einer bloßen Zivilehe) sie nicht aufnimmt, wozu, da es sich um eine innere Angelegenheit handelt (AnerkG. § 3), sie nicht verhalten werden kann. Solch ein Kind muß daher „konfessionslos" bleiben. Es braucht daher auch nicht religiös erzogen zu werden, was aber den Bestimmungen des bürgerlichen Gesetzbuches (§ 139 f.) und des InterkG. (Art. 1, Abs. 5) widerstreitet.

b) Eine Jüdin läßt sich taufen, ohne aus ihrer bisherigen Religionsgesellschaft gehörig auszutreten, und heiratet einen Christen[40]). Nach der herrschenden Lehre bleibt sie Jüdin und kann daher einen Christen gültig gar nicht heiraten. In Wahrheit bleibt sie nur ihrer Kirchenzugehörigkeit nach Jüdin — sie kann daher auch weiter zur Bezahlung der Kultussteuern verhalten werden —, ihrer Religion nach aber ist sie Christin[41]) und kann daher auch einen Christen heiraten.

c) Ein aus der Kirche ausgetretener Katholik bekennt sich (ohne förmlichen Wiedereintritt) vor dem Traupfarrer als katholisch[42]). Er gehört infolgedessen keiner Religionsgenossenschaft an, ist aber seiner Religion nach Katholik (Glaubenskatholik) und ist als solcher auch zu behandeln, wo es sich um Religion und nicht um Kirchenzugehörigkeit dreht.

d) Ein ausgetretener Katholik widerruft in aller Form seinen Austritt[43]). Er ist daher seiner Religion nach Katholik, seiner Kirchenzugehörigkeit jedoch Dissident, weil es einen Widerruf des Austrittes nicht gibt, sondern nur einen Wiedereintritt in die verlassene Religionsgesellschaft.

e) Gerade der Hauptfall des Auseinandergehens von Glaubens- und Kirchenzugehörigkeit scheint in der Wissenschaft und in der Rechtsprechung bisher ganz übersehen wor-

---

[40]) OGE. vom 18. Jänner 1898, Slg. N. F. 3.

[41]) Der Oberste Gerichtshof wendet in seinem Plenarbeschluß vom 23. April 1926, JB. 22, SZ. VIII, 104 (S. 290), gegen diese Anschauung ein, daß sie zu einer gleichzeitigen Zugehörigkeit zu zwei Religionsgenossenschaften führen würde; das trifft aber nach meiner Meinung gar nicht zu.

[42]) OGEE. vom 21. Februar 1888, Slg. 12.057; vom 28. Oktober 1924, Z. Bl., 43. Bd., 1925, S. 106, Nr. 50.

[43]) OGE. vom 14. Juli 1909, Slg. 4684.

den zu sein. Es ist der der Auswanderung[44]). Die Religionsgenossenschaft umfaßt alle Bekenner desselben anerkannten Glaubens, die in Österreich wohnen, gleichgültig ob sie In- oder Ausländer sind. Jeder Religionsgenossenschafter hat einer Religionsgemeinde anzugehören, die sich nach dem Wohnsitz bestimmt (AnerkG. § 8). Alle Gemeinden zusammen bilden die Religionsgenossenschaft, die eine „privilegierte öffentliche Korporation"[45]) darstellt. Wenn das Anerkennungsgesetz, das diese Bestimmungen enthält, auch unmittelbar nur für künftige Religionsgenossenschaften gilt[46]), so ist es doch auch auf die bestehenden sinngemäß anzuwenden. Wandert daher ein Religionsgenossenschafter aus, d. h. verlegt er seinen Wohnsitz nach dem Auslande, dann scheidet er zugleich auch aus der (österreichischen) Religionsgenossenschaft aus. Er hat daher keine Religionsbeiträge mehr zu bezahlen, er hat kein Wahlrecht mehr in seiner Religionsgenossenschaft, kein Seelsorger ist für ihn mehr zuständig, etwa für die Eheschließung und deren Eintragung[47]) usw. Er bleibt aber Religionsgenosse und österreichischer Staatsbürger, nicht aber österreichischer Religionsgenossenschafter. Ob und wie er der ausländischen Religionsgenossenschaft desselben Glaubens beitritt, bestimmt sich nach ausländischem Recht[48]), ebenso der allfällige Austritt aus der ent-

---

[44]) Köstler, Grundfragen, S. 137; vgl. K. Rothenbücher, Trennung von Staat und Kirche, München, 1908, S. 463: „Der staatliche Rechtssatz lautet: ‚Jeder, der durch die katholische Taufe in die katholische Kirche aufgenommen ist, gehört ihr, solange er sich auf dem Staatsgebiete befindet, an'"; und dazu K. Neumeyer, Internationales Verwaltungsrecht, Innere Verwaltung, I, München und Berlin, 1910, S. 383 ff., insbes. S. 394 f., 426 u. 429.

[45]) Motivenbericht zum Anerkennungsgesetz (Beil. 135 des Stenogr. Prot. d. Abgeordnetenhauses, VIII. Session, 2. Bd.) bei Burckhard, Kultusgesetze, S. 11.

[46]) Henner, Religionsgesellschaften, S. 104, unter Hinweis auf die VwGEE. vom 27. April 1883, Slg. 1746; vom 24. September 1884, Slg. 2224, und vom 4. Juni 1886, Slg. 3092.

[47]) Die Eheschließung im Ausland darf daher nicht etwa in der Ehematrikel seiner Heimatpfarre eingetragen werden (Min. Erl. vom 19. Dezember 1886, Z. 17.143, bei A. Grießl, Kirchliche Vorschriften und Österreichische Gesetze und Verordnungen in Ehe-Angelegenheiten, 3. Aufl., Graz, 1912, S. 437, Nr. 943). Die weitere Evidenthaltung des Personenstandes erfolgt nicht als Religionsgenossenschafter, sondern als österreichischer Staatsbürger.

[48]) Vgl. OGE. vom 15. März 1933, J. Bl. 1933, S. 299; vgl. Neumeyer, Internat. Verw. R., I, S. 386.

sprechenden Religionsgenossenschaft des Auslandes[49]). Ein Österreicher kann daher im Ausland nach österreichischem Recht nur seiner Glaubenszugehörigkeit, nicht auch seiner Kirchenzugehörigkeit gemäß als Katholik, Protestant usw. beurteilt werden. Umgekehrt kann aber auch ein Ausländer, wenn er auch einer dort anerkannten Religionsgenossenschaft angehört (z. B. Anglikaner), bei seiner Verlegung des Wohnsitzes nach dem Inlande, wenn es seine entsprechende Religionsgenossenschaft hier nicht gibt, nur als „konfessionslos", d. h. Dissident gelten. Das ist vor allem wichtig für die Verehelichung im Ausland und für die in diesem Falle notwendige Ausstellung eines Ehefähigkeitszeugnisses, insbesondere bei Religionsverschiedenheit.

4. Die religions- und kirchenpolitischen Gesetzesbestimmungen

Im Folgenden soll geprüft werden, ob die vorstehenden Anschauungen mit den einschlägigen gesetzlichen Bestimmungen in Einklang stehen.

1. ABGB. (1. Juni 1811, JGS. 946). Dieses Gesetz hatte es, entsprechend der Zeit seiner Entstehung, nur mit der herrschenden (katholischen) und den geduldeten (evangelischen und griechisch-nichtunierten) Kirchen und mit der Judenschaft zu tun, kurz, mit heute anerkannten Religionen und Religionsgenossenschaften. Es gab aber doch auch damals schon, wie im geschichtlichen Überblick gezeigt, auch Religionsgenossen, deren Religionsgemeinschaft nicht als solche anerkannt, sondern einfach einer bestehenden angegliedert wurde (so die Mennoniten dem Augsburgischen, die Anglikaner dem Helvetischen Bekenntnis, die Lippowaner und die Gregorianer wohl den nichtunierten Griechen) und wenigstens vereinzelt, namentlich unter den Ausländern[50]), auch Personen, die keiner Religionsgenossenschaft angehörten (Mohammedaner). Diejenigen Bestimmungen, die es mit der Religion als solcher zu tun haben, müssen wir seit der Dezemberverfassung (1867) auf alle nicht verbotenen Religionen ausweiten, diejenigen aber, die es mit der Organisation, d. h. mit der Religionsgenossenschaft, zu tun haben, auf die damals und seither anerkannten Religionsgenossenschaften.

---

[49]) Vgl. OGE. vom 6. Februar 1934, J. Bl. 1934, S. 301; vgl. Neumeyer, a. a. O.

[50]) Inländer durften sich wohl nicht dazu bekennen; vgl. Rechberger, Handbuch, I, S. 206*.

a) Mit der **Religion** haben es vornehmlich zu tun:

§ 39: Der darin ausgesprochene Grundsatz „Die Verschiedenheit der Religion hat auf die Privatrechte keinen Einfluß" ist seither erhärtet worden durch StGG. Art. 14, durch StV. Art. 66 und schließlich durch die neue Verfassung, Art. 16, und auf alle Religionen, anerkannte und nicht anerkannte, und auf die Religionslosigkeit ausgedehnt worden. In dieser Hinsicht besteht kein Zweifel[51]).

§ 63: Hienach können bekanntlich „Geistliche, welche schon höhere Weihen empfangen wie auch Ordenspersonen ..., welche feierliche Gelübde der Ehelosigkeit abgelegt haben", nicht heiraten[52]). Ausgangspunkt für diese Bestimmung ist unstreitig die Glaubensanschauung[53]) von der lebenslänglichen Wirkung höherer Weihen und feierlicher Ordensgelübde, nicht aber, wie manche[54]) vermeinen, die Standeszugehörigkeit; denn Geistliche und Ordenspersonen kommen hier nicht als solche in Betracht, da sie vor Empfang höherer Weihen oder Ablegung feierlicher Ordensprofeß noch heiraten können, wenngleich sie dadurch aus ihrem Stande ausscheiden (c. 132, § 2, und c. 646, § 1, 3°). Erst der Empfang höherer Weihen oder die Ablegung der feierlichen Ordensprofeß macht eheunfähig. Nicht die Standeszugehörigkeit entscheidet, sondern die religiöse Anschauung lebenslänglicher Gebundenheit. Daher auch selbst ein Austritt aus der Kirche — es kann sich nur um die katholische oder die orientalische Kirche handeln, weil nur diese die entsprechenden Einrichtungen

---

[51]) M. v. **Hussarek**, Zur Auslegung des Artikels neun des österreichischen interkonfessionellen Gesetzes (Ztschr. f. d. Priv. u. öff. Recht der Gegw., 29. Bd., 1902), S. 450.

[52]) J. **Unger**, Priesterehen und Mönchsehen, Jena, 1910, S. 7 ff.; R. **Köstler**, Das österreichische Eherecht unter Mitberücksichtigung des burgenländischen Eherechtes, Wien, Leipzig, München, 1923, S. 28 f. A. **Lenhoff** in **Klangs** Kommentar, I/1, S. 461 ff.; G. **Walker**, Internationales Privatrecht, 5. Aufl., Wien, 1934, S. 607 ff.

[53]) „Unser § 63 ist nichts weiter als staatlich anerkanntes Kirchenrecht." A. **Ehrenzweig**, System des österreichischen allgemeinen Privatrechts, 6. Aufl., 2. Bd., 2. Hälfte, Wien, 1924, S. 28.

[54]) **Unger**, Priesterehen, S. 9; K. **Wolff**, Grundriß des Österreichischen bürgerlichen Rechtes, Wien, Leipzig, 1923, S. 256; P. P. **Burkart**, Das österreichische Eherecht und die Bundesverfassung (Wien, 1926), S. 14 f.; R. v. **Neumann-Ettenreich**-K. **Satter**, Das Eherecht Österreichs (**Leske-Löwenfeld**, Die Rechtsverfolgung im internationalen Verkehr, IV., Eherecht), 1932, S. 148; **Lenhoff** in **Klangs** Kommentar, I/1, S. 462 f.

kennen — diese Hindernisse nicht behebt[55]), daher auch nicht die Auswanderung aus Österreich oder das Erlöschen der betreffenden Kirche in Österreich. So können daher auch Lippowaner, die Priesterweihe und Klostertum kennen[56]), falls sie im Sinne des Gesetzes höhere Weihen empfangen oder das feierliche Gelübde der Ehelosigkeit abgelegt haben sollten, auch im heutigen Österreich, wo sie keine Gemeinschaft mehr besitzen und daher wohl auch keine Religionsgenossenschaft mehr darstellen — näheres darüber unten unter Punkt 7 —, doch nicht heiraten. Das gleiche müßte auch für die Anhänger einer nicht anerkannten Religion gelten, wenn sie die erforderlichen Einrichtungen kennt. Wäre die Kirchenzugehörigkeit maßgebend, dann wären diese erwähnten Erscheinungen unerklärlich. Insbesondere hält die Auffassung, daß durch den Empfang der höheren Weihen oder die Ablegung der feierlichen Ordensprofeß eine Tatsache geschaffen wurde, die nicht ungeschehen gemacht werden kann, nicht stand[57]). Sonst müßte man auch sagen, auch die förmliche Aufnahme in eine Religionsgenossenschaft ist eine Tatsache, die nicht ungeschehen gemacht werden kann. Und doch gab es schon zur Zeit des ABGB. einen Austritt und einen Übertritt zu einer anderen Religionsgenossenschaft.

§ 64: Er behandelt das Hindernis der Religionsverschiedenheit und spricht, sollte man meinen, so deutlich, daß er gar nicht mißverstanden werden kann: „Eheverträge zwischen Christen und Personen, welche sich nicht zur christlichen Religion bekennen, können nicht gültig eingegangen werden.“ Es kommt also auf das „sich bekennen“, d. h. auf

[55]) R. v. Scherer, Religiöse Orden (Österr. Staatswb., 2. Aufl., 4. Bd., Wien, 1909), S. 135; M. v. Stubenrauch, Kommentar zum österreichischen allgemeinen bürgerlichen Gesetzbuche, 8. Aufl. v. M. Schuster v. Bonnott und K. Schreiber, 1. Bd., Wien, 1902, S. 131[5]; H. Krasnopolski-B. Kafka, Lehrbuch des österreichischen Privatrechts, 4. Bd., Leipzig u. Wien, 1911, S. 39; Ehrenzweig, System, S. 28; dazu z. B. OGE. vom 9. November 1875, Slg. 5904; vom 16. Mai 1876, Slg. 6141; vom 7. April 1891, Slg. 13701.

[56]) Priesterweihe kennen bloß die priesterlichen Lippowaner (Popovci), Klostertum auch die priesterlosen (Bezpopovci): Heidlmair, Kultuswesen, S. 479.

[57]) Insbesondere vertreten von H. Krasnopolski, Zur Auslegung des § 63 des österr. allgem. bürgerl. Gesetzbuches; Über § 63 des österr. allgem. bürgerl. Gesetzbuches (Replik), Mainz, 1895, S. 8 u. 13; ferner Hussarek in d. Ztschr. f. d. Priv. u. öff. Recht d. Gegw., 24. Bd., S. 211.

die Glaubens-, nicht auf die Kirchenzugehörigkeit an. Vielleicht noch deutlicher sprach § 10 des Josephinischen Ehepatentes (1783), der für unsere Bestimmung vorbildlich war: „drittens sollen Ehen zwischen einem Untertan, der der christlichen Religion zugetan, und einem anderen, der der christlichen Religion nicht zugetan ist, nichtig und ungiltig sein". Im Westgalizischen Gesetzbuch (1797) hieß die Bestimmung (I, 3, § 72): „Eheverträge zwischen christlichen Einwohnern dieses Landes mit Personen, welche sich nicht zur christlichen Religion bekennen, sind an und für sich ungültig". Da man das Wort „Einwohner" aber bloß auf die Untertanen (so hieß es auch im Josephinischen Ehepatent) hätte beziehen können und doch auch die Fremden mitumfaßt werden sollten, wurden die Worte „christliche Einwohner dieses Landes" durch „Christen" ersetzt[58]). Warum solches Gewicht gelegt wurde auf die Miterfassung auch der ausländischen Christen? Wohl deshalb, weil unter ihnen vielfach christliche Bekenner waren, die im Inlande keine eigene Religionsgenossenschaft bildeten. Es wird da wieder vor allem an die Anglikaner zu denken sein, deren es in manchen Gebieten der Monarchie damals schon eine größere Zahl gab. Das erhellt daraus, daß ihnen, trotzdem ihre Religionsgemeinschaft nicht anerkannt war, mit Allerhöchster Entschließung vom 28. Mai 1821 die Errichtung eines eigenen Bethauses in Triest zugestanden wurde. Später wurden auch Bethäuser in Karlsbad und Marienbad (Allerh. Entschl. vom 14. September 1858, bzw. 31. Jänner 1878) für die „Privatandacht" des „nicht anerkannten" Bekenntnisses bewilligt[59]). Aber auch unter den Nichtchristen gab es, namentlich unter den Ausländern, Bekenner einer nicht anerkannten Religion, namentlich die Mohammedaner. Das zeigt die besondere Regelung der Beeidigung dieser Personen durch die Hofdekrete vom 9. Mai 1806, JGS. Nr. 763, und vom 26. August 1826, JGS. Nr. 2217. Sie werden denn auch in den zeitgenössischen Lehrbüchern[60]) bei der Besprechung

---

[58]) J. Ofner, Der Ur-Entwurf und die Beratungsprotokolle des österr. Allgem. Bürgerl. Gesetzbuches, 1. Bd., Wien, 1889, S. 94.

[59]) Heidlmair, Kultuswesen, S. 18² u. S. 383¹.

[60]) J. B. F. v. Zeiller, Kommentar über das allgemeine bürgerliche Gesetzbuch für die gesamten Deutschen Erbländer der Österreichischen Monarchie, 1. Bd., Wien u. Triest, 1811, S. 212; F. X. J. F. Nippel, Erläuterung des allgem. bürgerl. Gesetzbuches, 1. Bd., Graz, 1830, S. 298; Winiwarter, Das Österreichische bürgerliche Recht, 1. Bd., Wien, 1831, S. 198.

unserer Bestimmung stets genannt. Aus all dem ergibt sich aber, daß schon zur Zeit der Entstehung des bürgerlichen Gesetzbuches für den § 64 nicht die Mitgliedschaft einer anerkannten (herrschenden oder geduldeten) Religionsgenossenschaft maßgebend gewesen sein kann, sondern die Zugehörigkeit zu einer Gemeinschaftsreligion. Wäre wirklich ersteres gemeint gewesen[61]), hätte man wohl einfach sagen können und gesagt: „Eheverträge zwischen Christen und Juden können gültig nicht eingegangen werden“[62]). Um so mehr wird man heute den § 64 auf die Religionszugehörigkeit abstellen und jede Gemeinschaftsreligion (nicht nur die anerkannten) berücksichtigen müssen. Ausgeschlossen bleibt nur die Privatreligion[63]). Denn hier handelt es sich um innerliche religiöse Anschauungen des einzelnen, die durch schlüssige, in die Außenwelt tretende Kulthandlungen nicht eindeutig ausgeprägt und daher rechtlich nicht erfaßt werden können und es „ein gesetzliches Kriterium dafür, wann eine religiöse Sondermeinung noch als ‚Religion‘ gelten kann oder aufhört, eine solche zu sein, nicht gibt“[64]). Auch kann man eine Privatreligion nur „bekennen“, d. h. äußern, „sich bekennen zu“ setzt aber eine schon bestehende Gemeinschaftsreligion voraus[65]). Daß es sich wirklich um Glaubens- und nicht um Kirchenzugehörigkeit handeln kann, wird meines Erachtens aber schlagend bewiesen für den Fall der Verehelichung im Ausland. Denn dort ist nach dem oben (3. Abschnitt, P. 4, e) Angeführten der Christ gar nicht Mitglied einer (österreichischen) Kirche, sondern nur christlicher Be-

---

[61]) So Walker, Intern. Privatr., S. 600.

[62]) Namentlich wenn die Bestimmung, wie Burkart (Eherecht, S. 16) und Lenhoff (in Klangs Kommentar, I/1, S. 466) behaupten, gegen die Juden gerichtet gewesen sein sollte. Wenn dieser sich (S. 468 f.) auf Zeillers Kommentar beruft, der Juden und Heiden aufführt, so sei beigefügt, daß er ausdrücklich auch die Mohammedaner nennt; ebenso Nippel, Erläuterung, I, S. 298, und Winiwarter, Bürg. Recht, I, S. 198. Im übrigen war die Stimmung 1811 in der Gesetzgebung durchaus nicht gegen die Juden: Beidtel, Untersuchungen, S. 142.

[63]) So richtig Lutterotti, Religionsverschiedenheit, S. 116 f.

[64]) —t—, Die Bestimmungen des österreichischen Gesetzes vom 15. Mai 1868, RGBl. Nr. 49, bezüglich des Religionsbekenntnisses der Kinder und insbesondere die Frage des Konfessionszwanges bei dem unmündigen ehelichen Sohne eines Konfessionslosen (Österr. Ztschr. f. Gesetzgebung u. Rechtssprechung auf dem Gebiete d. Verw.-Rechtspflege, 1. Jg., 1877), S. 297 f.

[65]) Siehe oben im 2. Abschnitt.

kenner. Es kann daher aber auch ein Katholik oder Protestant ohneweiters eine Anglikanerin oder Baptistin, nicht aber eine Jüdin oder Mohammedanerin heiraten[66].

Der Grund der Beibehaltung des Hindernisses im ABGB. ist nicht recht klar, weil die Entwürfe darüber keinen Aufschluß geben. Sicher ist nur, daß es in diesem Falle nicht die religiöse Grundlage sein kann[67]), nämlich nicht die Auffassung der katholischen Kirche[68]), da sonst die Taufe maßgebend sein müßte und nicht das tatsächliche Bekenntnis[69]). Der wahre Grund für das Hindernis ist meines Erachtens wohl, daß man glaubte, eine so innige, auch seelische Gemeinschaft, wie es die Ehe auf Lebenszeit darstellt, könnte leicht Schiffbruch leiden wegen der tiefen Kluft zwischen christlicher und nichtchristlicher Weltanschauung. Und das sollte vermieden werden. In diesem Sinn äußern sich denn auch durchwegs die älteren Schriften, insbesondere der Kommentar von Zeiller[70]). Diese Anschauung ist um so

[66]) In einem vereinzelten Erkenntnis des Wiener Landes- und des Oberlandesgerichtes (der OGH. wurde nicht angerufen) wurde die Ehe zwischen einem Juden und einer Baptistin (wegen deren Konfessionslosigkeit) als gültig angesehen (mitgeteilt von E. Stroß, J. Bl., 25. Jg., 1896, S. 425 f.).

[67]) Richtig Lenhoff in Klangs Kommentar, I/1, S. 382: „Das religiöse Motiv, worauf mitunter (§§ 63, 111, 115, 135) die Norm zurückgeht, ... ist nur soweit beachtlich, als es eben Norminhalt geworden ist."

[68]) Unrichtig OGE. vom 17. Juli 1906, Slg. N. F. 3485: „Das Ehehindernis des § 64 ABGB. entspringt nur der katholischen Auffassung der Ehe als eines Sakramentes, welches ein Nichtchrist nicht empfangen kann." Denn halbchristliche Ehen gelten nach der herrschenden Lehre nicht als sakramental (vgl. C. I. C., can. 1012). Das Hindernis besteht auch zwischen Protestanten und Nichtchristen, obgleich hier für die Beteiligten kein Sakrament vorliegt (E. Friedberg, Lehrbuch des katholischen und evangelischen Kirchenrechts, 6. Aufl., Leipzig, 1909, S. 417).

[69]) Heute ist eine Verquickung beider Gesichtspunkte insofern eingetreten, als nach can. 1070 das Hindernis nur noch zwischen Katholiken (nicht Getauften schlechthin) und Ungetauften besteht. Das übersieht Lenhoff in Klangs Kommentar, I/1, S. 466.

[70]) Zeiller, Kommentar, I, S. 212; Nippel, Erläuterung, I, S. 298; Winiwarter, Bürg. Recht, I, S. 198; Th. Dolliner, Ausführliche Erläuterung des zweiten Hauptstückes des allgem. bürgerl. Gesetzbuches, 1. Bd., Wien, 1835, S. 196; von Neueren: F. Maaßen, Unser Eherecht und das Staatsgrundgesetz, Graz (1878), S. 16 u. 19; R. v. Neumann-Ettenreich, Das österreichische Eherecht, Wien, 1913, S. 31.

verständlicher in einer Zeit und in einem Staat, der seine Staatsbürger von Staats wegen glücklich machen wollte[71]). Sie deutet aber auch wieder auf den Glauben und die durch ihn vermittelte Weltanschauung und nicht auf eine formelle Zugehörigkeit zu einem bestimmten Religionsverbande.

Die Auslegung des § 64 hat stark geschwankt[72]). Die älteren Schriften, wie eben gesagt[73]), scheinen die Religionszugehörigkeit zugrunde gelegt zu haben, wogegen die jüngeren Erklärer[74]) die Kirchenzugehörigkeit als maßgebend ansehen. Heute sind die Meinungen geteilt. Dabei zeigt sich die ganze Begriffsverwirrung. Von Religion wird gesprochen und Kirchenzugehörigkeit wird gemeint. So nehmen z. B. Wolff und Lenhoff[75]) die Kirchenzugehörigkeit zur Grundlage, hingegen Neumann-Ettenreich, Ehrenzweig u. a.[76]) die Religionszugehörigkeit.

Wie im Schrifttum schwankte die Auffassung auch in der Rechtsprechung. Eine Zeit lang legte der Oberste Gerichtshof die Religionszugehörigkeit seinen Entscheidungen zugrunde und verlangte schlüssige Handlungen, aus denen jene zu entnehmen ist, wenn auch die Zugehörigkeit zur entsprechenden anerkannten Religionsgenossenschaft damit nicht gegeben war. So entschied er, daß die Ehe zwischen einem Christen und einer zur katholischen Religion übergetretenen getauften Jüdin gültig ist, wenn auch der Austritt aus der jüdischen Religionsgenossenschaft nicht erfolgt ist[77]) oder daß

---

[71]) Hussarek, Erziehung, S. 604, spricht von der „Epoche des wohlwollenden Absolutismus". A. Schulte, Der deutsche Staat: Verfassung, Macht und Grenzen, Stuttgart, Berlin, 1933, S. 220 f. u. 230.

[72]) Einen Überblick gibt die Äußerung des Justizministeriums vom 18. Oktober 1904, Z. 20.384 (Normaliensammlung f. d. polit. Verw. Dienst, 4. Bd., Wien, 1907, S. 134).

[73]) Siehe oben Anm. 70.

[74]) E. Rittner, Österreichisches Eherecht, Leipzig, 1876, S. 141 f.; Stubenrauch, Kommentar, I, S. 132; J. v. Anders, Grundriß des Familienrechts (Grundriß des Österreichischen Rechts, 1. Bd., 5. Abt.), 2. Aufl., Leipzig, 1911, S. 10 f.

[75]) Wolff, Grundriß, S. 256; Lenhoff in Klangs Kommentar, I/1, S. 467 ff.

[76]) Krasnopolski-Kafka, Familienrecht, S. 42 f.; Neumann-Ettenreich, Eherecht, S. 32 f.; R. Mayr, Lehrbuch des bürgerlichen Rechtes, 2. Bd., 2. Abt., Reichenberg, 1923, S. 15; Ehrenzweig, System, II/2, S. 29; Neumann-Ettenreich-Satter, Eherecht, S. 150.

[77]) OGE. vom 18. Jänner 1898, Slg. N. F. 3.

das Ehehindernis der Religionsverschiedenheit nicht vorliege, wenn ein Teil sich zur Religion des anderen bekannt hat, ohne förmlich den Übertritt zur betreffenden Religionsgenossenschaft vollzogen zu haben[78]). Bei dieser Gelegenheit sprach er auch den meines Erachtens richtigen Satz aus: „Nicht die Beobachtung der für den Konfessionswechsel vorgeschriebenen Förmlichkeiten, sondern die Tatsache des Bekenntnisses zum Christentum im Zeitpunkte der Eheschließung ist allein für die Gültigkeit der Ehe maßgebend." In anderen Fällen wieder kam der Oberste Gerichtshof zwar zum richtigen Erkenntnis, aber auf falschem Wege. Er ließ nicht das Bekennen zu einer Religion, kurz die Religionszugehörigkeit, entscheiden, sondern ließ die Aufnahme in eine Religionsgenossenschaft auch durch schlüssige Handlungen zu. So heißt es in einem Erkenntnis erster Instanz, das der Oberste Gerichtshof bestätigte: Der bisher konfessionslose Bräutigam „muß zur Zeit der Eingehung der Ehe als in die katholische Kirche (!) wieder eingetreten erachtet werden", weil er „vor seinem kompetenten Seelsorger und zwei Zeugen laut Protokolles über das Trauungsinformationsexamen, einer öffentlichen Urkunde, sich ausdrücklich als katholisch erklärt"[79]). Und in einem anderen Erkenntnis[80]) wird ausgesprochen, daß zum Eintritt in eine Kirche oder Religionsgesellschaft die persönliche Erklärung vor dem betreffenden Seelsorger oder Vorsteher genüge, es eines Aufnahmeaktes oder irgendeiner Förmlichkeit nicht bedürfe. Die schlüssigen Handlungen, von denen hier die Rede ist, reichen aber im Sinne des Gesetzes keinesfalls zur Aufnahme in eine Religionsgenossenschaft hin, schon gar nicht zu einer Wiederaufnahme eines früher Ausgetretenen (denn die Aufnahme oder Wiederaufnahme ist eine innere Angelegenheit der betreffenden Religionsgenossenschaft), wohl aber zur Darlegung der Religion und zum Beweise der Religionszugehörigkeit. Sehr richtig bemerkte der Oberste Gerichtshof in seinem Plenarbeschluß vom 23. April 1926, JB. Nr. 22, SZ. VIII, Nr. 104 (S. 291): „Es ist möglich, daß sich jemand durch schlüssige Handlungen zu einer bestimmten Religion bekennt, aber doch nicht Mitglied dieses religiösen Verbandes werden kann, weil die Religionsgesellschaft findet, daß er die Erfordernisse der Zugehörigkeit und die von ihrer

[78]) OGE. vom 28. Oktober 1924, Z. Bl., 43. Bd., 1925, S. 106, Nr. 50.

[79]) OGE. vom 21. Februar 1888, Slg. 12.057.

[80]) OGE. vom 27. Juni 1923, SZ. V, 167.

Verfassung vorgeschriebene Art des Beitrittes nicht erfüllt." Gerade in dem erwähnten Plenarbeschluß hat aber der Oberste Gerichtshof im übrigen seine Anschauung überprüft und ist hiebei wieder zu seiner früheren Auffassung von der Maßgeblichkeit der Kirchenzugehörigkeit hinsichtlich des Ehehindernisses der Religionsverschiedenheit gekommen. Als Rechtsatz stellt er fest: „‚Sich zur christlichen Religion bekennen' im § 64 ABGB. heißt: einer christlichen Religionsgenossenschaft im Sinne der staatlichen Vorschriften angehören"[81]). Hiebei wird meines Erachtens Religions- und Kirchenzugehörigkeit miteinander verwechselt. Der Oberste Gerichtshof tut hiebei, wie gerade gesagt, dar, daß es für die Zugehörigkeit zu einer Religionsgenossenschaft der förmlichen Aufnahme durch diese bedarf, schlüssige Handlungen hiefür nicht ausreichen. Das ist völlig richtig, steht aber nicht zum Beweis. Denn es handelt sich hier eben um Religionszugehörigkeit, und für deren Nachweis reichen schlüssige Handlungen nicht nur aus, sondern sie sind, da es sich um innere Gesinnung handelt, die einzigen Mittel des Beweises. „Der moderne Staat kümmert sich nicht um das religiöse Innenleben des einzelnen, er nimmt nur das zur Kenntnis, was als äußerer Ausdruck der religiösen Anschauungen, als Kultus erscheint"[82]). Anders ausgedrückt: Nicht die innere, sondern die äußere Religion entscheidet[83]). Folgerichtig müßte der Oberste Gerichtshof aber auch dann die Ehe zwischen Christen und Anglikanern, die er bisher zuließ[84]), wieder ablehnen; denn diese können gar nicht „einer christlichen Religionsgenossenschaft im Sinne der staatlichen Vorschriften angehören", weil die Anglikaner in Österreich keine anerkannte Religionsgenossenschaft bilden. Sie gelten vielmehr als „konfessionslos" und könnten nach obigen Fest-

[81]) Neumann-Ettenreich-Satter, Eherecht, S. 150; Gerdes, Konfessionslosigkeit, S. 24 f.; Walker, Internat. Privatrecht, S. 601.

[82]) Illasiewicz, Religionsbekenntnis, S. 214.

[83]) J. P. Steffes, Religion (Staatslexikon, 5. Aufl., 4. Bd., Freiburg i. B., 1931), Sp. 793: „Die innere Religion (religiöse Gesinnung) ist das eigentlich Primäre und Entscheidende, die Seele und Quelle aller äußeren Gottesverehrung"... „Eine rein geistige Gottesverehrung... ist für den Menschen eine Unnatur, ja eine psychologische Unmöglichkeit." Sp. 794: „Deshalb ist auch nur die äußere Gottesverehrung ein staatsrechtlicher Begriff."

[84]) OGE. vom 14. Oktober 1913, Slg. N. F. 6611; vom 4. Februar 1914, Slg. N. F. 6796; vom 9. Juli 1931, Z. Bl. 1932, S. 45, Nr. 1. Dazu Köstler, Grundfragen, S. 136[32].

stellungen daher mit Christen keine Ehe eingehen. Daß sie im Auslande eine Religionsgenossenschaft ausmachen, tut dabei nichts zur Sache[85]), weil diese in Österreich nicht anerkannt ist. Eine gesetzlich nicht anerkannte Religionsgenossenschaft aber gibt es nicht[86]). Ist doch gerade der Regierungsentwurf zum Anerkennungsgesetz (§ 1), der von „einer bisher nicht gesetzlich anerkannten Religionsgesellschaft" sprach, durch den konfessionellen Ausschuß des Abgeordnetenhauses abgeändert worden, indem der bezeichnete Ausdruck durch „Anhänger eines bisher gesetzlich nicht anerkannten Religionsbekenntnisses" ersetzt wurde[87]). Nur im gesellschaftlichen Sinne bilden die Anglikaner eine Religionsgemeinschaft auch in Österreich.

Einen ähnlichen Zwiespalt finde ich bei Lenhoff in Klangs Kommentar. Auf S. 468 heißt es richtig: „Die Zugehörigkeit zu einer anderen (als anerkannten) christlichen Religion schließt also das Hindernis der Ehe mit Bekennern anerkannter oder nicht anerkannter christlicher Religionen aus." Dagegen aber S. 469: „Die Kundgebung der Zugehörigkeit zu der kirchlichen Organisation ist das Bekenntnis im Rechtssinne, nicht die innere Einstellung zu ihren Lehren." „Früher glaubte man, ... daß es nicht auf die rechtliche Zugehörigkeit zu einer Kirche ankomme, sondern auf den Glauben." „Das ‚Bekenntnis zur Religion' ist auf dem Gebiete des Rechtes eben die äußere Zugehörigkeit zu der Kirche (‚Religion'), nicht die Aufnahme ihrer Glaubenslehre. Ob der Angehörige eine bestimmte innere Überzeugung (‚Glauben') hat, untersucht das Recht nicht,

---

[85]) Gerade darauf stützt sich der OGH.; ihm folgen Lenhoff in Klangs Kommentar, I/1, S. 468 f., und Walker, Intern. Privatr., S. 601; so schon vorher Lutterotti, Religionsverschiedenheit, S. 117.

[86]) Unrichtig Lutterotti, Religionsverschiedenheit, S. 117: „Die Annahme, daß eine Religionsgesellschaft, die nur im Auslande, nicht aber im Inlande existiert, hier überhaupt nicht bestehend anzusehen ist, käme einer Fiktion gleich." Für den Staat ist Religionsgesellschaft (Religionsgenossenschaft) eben ein juristisch-technischer Ausdruck, während hier das Wort im gewöhnlichen Sinne verstanden wird. Die „Religionsgemeinschaft" im gewöhnlichen Sinn des Wortes kommt staatlich nur als „Gemeinschaftsreligion" in Frage.

[87]) Beilage 135 der Stenogr. Prot. d. Abgeordnetenhauses, VIII. Session, 2. Bd., bei Burckhard, Kultusgesetze, S. 12; vgl. auch Verf. Art. 28, Abs. 1: „Die Anhänger eines in Österreich nicht als Religionsgesellschaft gesetzlich anerkannten Religionsbekenntnisses..."

sondern nur, ob er sich, also äußerlich, zu diesem Glauben bekennt." Diese Auslegung wird meines Erachtens dem Wortlaute des § 64 nicht gerecht, enthält Richtiges neben Unrichtigem und vermischt Religions- und Kirchenzugehörigkeit. Richtig ist, daß es nicht auf die „innere Überzeugung" ankommt, die an sich gar nicht erkennbar ist. Nicht auf die religiöse Gesinnung oder die innere Religion des einzelnen kommt es an, „sondern nur, ob er sich, also äußerlich, zu diesem Glauben bekennt", somit auf das, was man die äußere Religion zu nennen pflegt, die sich im Kult offenbart. Für die anerkannten Religionsgenossenschaften wird die förmliche Zugehörigkeit ein gewichtiger Anhaltspunkt sein, aber kein unumstößlicher; er versagt ganz und gar bei nicht anerkannten Religionsgenossenschaften, weil diese rechtlich gar nicht bestehen. Hier kann nur die Betätigung einer Gemeinschaftsreligion, nicht die Zugehörigkeit zu der (rechtlich nicht bestehenden) Religionsgemeinschaft ausschlaggebend sein. Richtig ist es wieder, wenn der Verfasser fortfährt: „Der Staat kann eben nicht zugeben, daß jemand gleichzeitig zwei Religionsgesellschaften angehört." Was der Staat aber zugeben muß, weil er es gar nicht hindern kann, ist, daß jemand, der einer Religionsgenossenschaft angehört, deren Religion, ohne aus deren Verbande auszuscheiden, ablehnt und sich einer anderen Religion zuwendet und diese betätigt. Diese Erscheinung mag bedauerlich sein, ist darum aber nicht aus der Welt zu schaffen und muß daher in Rücksicht gezogen werden.

§ 111: Es ist das die ebenso oft angefochtene wie verteidigte Stelle, die voll- und halbkatholische Ehen für untrennbar erklärt, d. h. eine Trennung nicht zuläßt, „wenn auch nur ein Teil zur Zeit der geschlossenen Ehe (= Eheschließung) der katholischen Religion zugetan war". Wieder handelt es sich um die Religionszugehörigkeit und zeigt sich die auch sonst (§§ 116 und 136) feststellbare Fortwirkung der religiösen Anschauung aus der Zeit der Eheschließung[88]). Bei der Mischehe, wo zwei Anschauungen — die katholische der Untrennbarkeit und die akatholische der Trennbarkeit — aufeinanderstoßen, siegt die der dominanten Kirche, daher auch Mischehen untrennbar sind und bleiben. Bei Zu-

[88]) Nicht durchaus, sondern nur als „der leitende Grundgedanke" (M. v. Hussarek, Zum Ehetrennungsrechte des ABGB. [Festschrift zur Jahrhundertfeier des Allgemeinen Bürgerlichen Gesetzbuches, 2. Band, Wien, 1911], S. 309); ähnlich Neumann-Ettenreich, Eherecht, S. 111.

grundelegung der Kirchenangehörigkeit müßte Austritt aus der Kirche oder Auswanderung ins Ausland eine Ehetrennung ermöglichen. Diese Folgerung aber wird nie gezogen, im Gegenteil, Ehetrennungsurteile, die eine reine oder gemischtkatholische Ehe von Österreichern betreffen, werden im Inland nicht anerkannt (vgl. EO. § 81, 3)[89]).

§ 115: Im Gegensatz zur vorigen Gesetzesstelle heißt es hier: „Nichtkatholischen christlichen Religionsverwandten gestattet das Gesetz nach ihren Religionsbegriffen aus erheblichen Gründen die Trennung der Ehe zu fordern", und § 116 ergänzt: „Das Gesetz gestattet dem nichtkatholischen Ehegatten aus den angeführten Gründen die Trennung zu verlangen, obschon der andere Teil zur katholischen Religion übergetreten ist." Nicht den akatholischen Kirchenangehörigen, sondern den „nichtkatholischen christlichen Religionsverwandten" wird die Trennung verstattet; maßgebend sind nicht bloße Organisationsgesetze, sondern „Religionsbegriffe", d. h. religiöse Anschauungen, aber nur soweit, als es geboten schien, nämlich nur hinsichtlich der Möglichkeit, nicht auch hinsichtlich der Voraussetzungen der Trennung[90]).

§ 119: Er regelt die Wiederverheiratung und ist verbindlich dahin „erklärt" (eingeschränkt) worden, daß ein getrennter Akatholik bei Lebzeiten seines früheren Gatten keinen Katholiken heiraten könne (HD. vom 26. August 1814, JGS. Nr. 1099), und ein verheirateter Akatholik, der später katholisch wurde, nach Trennung seiner Ehe „nach den Begriffen der katholischen Religion" bei Lebzeiten des früheren akatholischen Gatten überhaupt nicht wieder heiraten kann (HD. vom 17. Juli 1835, JGS. Nr. 61) (Hindernis des Katholizismus)[91]). Der Versuch einer Aus-

---

[89]) Neumann-Ettenreich, Eherecht, S. 161; Walker, Intern. Privatr., S. 722 u. 724 f.

[90]) Hussarek, Ehetrennung, S. 309 u. 311; Neumann-Ettenreich, Eherecht, S. 111; ebenso Lenhoff in Klangs Kommentar, I/1, S. 753; der letzte hat (S. 754[12]) meine allerdings nicht ganz klaren Worte: „Eine Trennung ist nur dort möglich, wo (nicht: soweit möglich als!) die betreffende Religion es gestattet" (Eherecht, S. 100), mißverstanden.

[91]) Vgl. dazu Dr. J-y., Das Ehehindernis des Katholizismus (J. Bl., 4. Jg., 1875), S. 102 f.; A. v. Di Pauli, Das Impedimentum catholicismi nach österreichischem und kanonischem Rechte (Arch. f. kath. Kirchenr., 88. Bd., 1908), S. 273 ff.; Dr. R., Zur Geschichte des Ehehindernisses des Katholizismus (J. Bl., Jg. 1918), S. 515 ff.;

gleichung der unlösbar widerstreitenden katholischen und evangelischen Anschauung über die Ehetrennbarkeit führt zu der merkwürdigen Erscheinung einer relativen Ehetrennung[92]) oder einer getrennt-geschiedenen Ehe[93]). Die Ehe des nichtkatholischen Christen wird getrennt, gilt aber für den Katholiken bloß als geschieden, für ihn bleibt eben das Hindernis des Ehebandes unter einem anderen Namen weiterbestehen. Religionsbegriffe sind hiefür maßgebend gewesen[94]), entscheidend ist daher die Religionszugehörigkeit.

---

ferner Ehrenzweig, System, II/2, S. 36 f.; St. Rieder, Die österreichischen Ehegesetze (Handausg. österr. Ges. u. Verordgen., Heft 234), Wien, 1926, S. 28 ff.; A. Lenhoff, Auflösung der Ehe und Wiederverehelichung, Wien, 1926, S. 15 f., und in Klangs Kommentar, I/1, S. 451; Walker, Intern. Privatr., S. 603 ff.

[92]) Vgl. Dolliner, Erläuterung, I, S. 286; zuletzt K. Wahle, Das österreichische internationale Scheidungsrecht und das Konkordat mit dem heiligen Stuhl (Ztschr. f. Ausl. u. Intern. Privatr., 8. Jg., 1934), S. 700.

[93]) Man beachte den Wechsel von „getrennt" und „geschieden" im HD. vom 17. Juli 1835, JGS. Nr. 61. Auf den darin liegenden Widerspruch, dieselbe Ehe zu trennen und doch wieder für ungetrennt (bloß geschieden) anzusehen, wies die Gesetzgebungskommission vergeblich hin. Burkart, Eherecht, S. 20.

[94]) Lenhoff (Auflösung, S. 15) hat darauf hingewiesen, daß die Ehen der Akatholiken, vor ihrem Seelsorger abgeschlossen, vom damaligen Standpunkte der katholischen Kirche aus, weil der maßgebliche Eherechtsbeschluß ‚Tametsi' der Trienter Kirchenversammlung in Österreich allenthalben verkündet worden und daher auch für die Evangelischen verbindlich geworden war, als Nichtehen (matrimonia clandestina) erscheinen mußten und daher auch nicht das Ehehindernis des Katholizismus erzeugen konnten. Gegen diese Meinung, die auch die geistliche Hofkommission vertreten hatte, seien Papst, Nuntius und der Bischof von St. Pölten Sturm gelaufen. Es muß hiebei eben daran erinnert werden, daß in Schlesien, wo allein der Westfälische Friede in Österreich Geltung erlangt hatte und daher schon vor dem Toleranzpatente viele Protestanten wohnten, die Verkündigung des erwähnten Eherechtsbeschlusses nicht feststand und daher die von Papst Benedikt XIV. für Holland und Belgien in der sogenannten Declaratio Benedictina (1741) geschaffenen Erleichterungen, wonach Nichtkatholiken untereinander auch ohne Einhaltung der Trienter Form heiraten konnten, am 27. Februar 1795 durch Papst Pius VII. auf Schlesien — Österreichisch-Schlesien gehörte zur Diözese Breslau! — ausgedehnt worden war (J. Kutschker, Das Eherecht der katholischen Kirche nach seiner Theorie und Praxis, 1. Bd., Wien, 1856, S. 492). Trotzdem heirateten herkömmlich Nichtkatholiken im Notfalle vor dem katholischen Pfarrer. Joseph II. schrieb das für ganz Österreich vor (HD. vom 16. März 1782 [Slg. der k. k. lf. Ges.

Dafür spricht auch, daß dieses Hindernis aus getrennten Judenehen nicht entspringt. (Hkld. vom 4. Februar 1837, JGS. Nr. 168). Wäre Kirchenzugehörigkeit wirklich maßgebend, müßte das Hindernis für die Ehen im Ausland entfallen. Daß es aber auch dort gilt, wurde oftmals entschieden[95]).

§§ 123 ff.: Sie enthalten die Abweichungen der Ehevorschriften für die Judenschaft „mit Rücksicht auf ihre Religionsverhältnisse", d. h. im Hinblick auf ihre abweichenden Religionsbegriffe. Auch hier wieder beobachten wir das Fortwirken religiöser Anschauungen aus der Eheschließungszeit.

§ 136: Er spricht von dem Übertritt eines jüdischen Ehegatten „zur christlichen Religion" und besagt, daß trotz der dadurch geänderten Religionsbegriffe des einen Teils an der Trennbarkeit der Ehe sich nichts ändert. Es wirkt eben die religiöse Anschauung zur Zeit der Eingehung der Ehe für das ganze Eheverhältnis fort.

§ 139 f.: Hier ist von der Religion der Kinder und deren Erziehung in dieser die Rede. Diese Bestimmungen haben ihre Ausführung im SchulG. und im InterkG. gefunden und werden bei Besprechung dieser Gesetze (unter P. 5 u. 6) behandelt.

b) Mit der Zugehörigkeit zu einer (anerkannten) Religionsgenossenschaft, also kurz mit der Kirchenzugehörigkeit, haben es vornehmlich zu tun:

---

u. Bdgen. in Publ. eccl., Nr. 165]; Rechberger, Handbuch, I, S. 219). Zudem ist der erwähnte Trienter Beschluß in Österreich für nichtkatholische Ehen durch entgegenstehende Übung außer Kraft getreten, was Rom ausdrücklich anerkannt hatte (Kutschker, Eherecht, I, S. 496). Nichtkatholiken konnten daher auch nach katholischer Anschauung vor ihrem Seelsorger eine Ehe gültig eingehen. Wurde eine solche sodann nach staatlicher Vorschrift getrennt, und der katholische Pfarrer sodann angegangen, der Schließung einer neuen Ehe beizuwohnen, so kam er in eine Gewissensverlegenheit, da nach seiner religiösen Überzeugung die nichtkatholische Ehe — trotz staatlicher Lösung — noch weiterbestand. Wohl aus dieser Erwägung heraus hat Kaiser Franz II. anläßlich eines bestimmten Falles, der gerade in Österr.-Schlesien spielte (Dolliner, Erläuterung, I, S. 284), persönlich entgegen dem Gutachten der Gesetzgebungskommission zugunsten der strengeren Meinung der Hofkanzlei entschieden (Burkart, Eherecht, S. 18 ff.).

[95]) Z. B. OGEE. vom 6. November 1894, Slg. 15.275; vom 12. Dezember 1900, Slg. N. F. 1210; vom 21. Februar 1906, Slg. N. F. 3333.

§§ 70—82 und §§ 126—131: Sie handeln von Aufgebot, Trauung und deren Eintragung ins Trauungsbuch. All das muß vom bzw. vor dem ordentlichen Seelsorger einer anerkannten Religionsgenossenschaft vorgenommen werden, setzt daher eine solche und die Zugehörigkeit der betreffenden Ehewerber zu ihr voraus. In den oben (Abschnitt 3, P. 4) angeführten außerordentlichen Beispielen der getauften, aber aus ihrer Religionsgenossenschaft nicht ausgetretenen Jüdin und des ausgetretenen Katholiken, der seinen Austritt widerrief oder ohne Wiedereintritt sich beim Traupfarrer als Katholik meldete und auswies, konnten sich Schwierigkeiten ergeben. Da diese Personen zwar der katholischen Religion zugetan waren, ohne jedoch der katholischen Kirche in Österreich anzugehören, hatten sie keinen ordentlichen Seelsorger in dieser. Ihre Ehe konnte daher wegen mangelnder Zuständigkeit des katholischen Seelsorgers für Aufgebot und Trauung ungültig sein[96]). Wenn aber beide Ehewerber am selben Orte wohnten oder wenn Nachsicht vom Aufgebot und Vornahme der Trauung durch den zuständigen Seelsorger des anderen Teils oder — bei Gegebenheit der Voraussetzungen — vor der Bezirksverwaltungsbehörde (Ziviltrauung) stattfand, war sie gültig. Nach dem Konkordat fällt diese Schwierigkeit für Katholiken meines Erachtens weg: denn beide gehören im Falle gültiger Taufe nach Auffassung der katholischen Kirche ihr an und bekannten sich im Zeitpunkte der Eheschließung zu ihr[97]). Die Ehe muß daher als gültig angesehen werden. Die erwähnten Schwierigkeiten bleiben aber bestehen bei anderen christlichen Religionsverwandten, deren Ehen nach den Bestimmungen des bürgerlichen Rechtes zu beurteilen sind.

§ 104, § 107 und § 132: Sie verlangen die Mitwirkung des ordentlichen Seelsorgers bei der Ehescheidung, hinsichtlich der Juden auch bei der Ehetrennung (§ 133), zur Vornahme der sogenannten Versöhnungsversuche. Diese Bestimmungen haben — abgesehen von § 133[98]) — aber heute ihre Bedeutung verloren, da die Versöhnungsversuche durch das Gericht vorgenommen zu werden pflegen (Ges. vom 31. Dezember 1868, RGBl. Nr. 3/1869).

§ 539: Bei der hier behandelten Erbfähigkeit geistlicher Gemeinden und deren Mitglieder kommt es auf die Kirchen-

[96]) Vgl. OGE. vom 19. März 1912, Junker-Fuchs, Rechtsprechung, Nr. 100.

[97]) Siehe Näheres bei Köstler, Grundfragen, S. 137 f.

[98]) Lenhoff in Klangs Kommentar, I/1, S. 819.

zugehörigkeit an, da bei juristischen Personen überhaupt nur diese vorkommen kann, nicht aber Religionszugehörigkeit.

§ 1472 und § 1485: Sie handeln von der Verjährung und Ersitzung „gegen die Verwalter der Güter der Kirche". Daß hier Kirchenzugehörigkeit vorausgesetzt wird, ist klar.

Man wende gegen die vorstehenden Ausführungen nicht ein, daß das bürgerliche Gesetzbuch in Wahrheit Religions- und Kirchenzugehörigkeit gar nicht unterscheide und daher auch wir sie nicht unterscheiden dürfen oder daß eine solche Unterscheidung rein zufällig sei und am Worte klebe. Daß dem durchaus nicht so ist, ergeben die Religionsverhältnisse zur Zeit der Entstehung unseres Gesetzbuches und bezeugt sein Geist. Dieser ging dahin, die religiösen Anschauungen möglichst zu berücksichtigen. Daher scheidet das Gesetz das Eherecht „nach Religionsbegriffen" — entsprechend dem damals maßgebenden Toleranzpatent von 1781 — in das der Katholiken, der anderen christlichen Religionsverwandten (worunter Protestanten und nichtunierte Griechen verstanden waren) und der Juden[99]). Mit der Kirchenzugehörigkeit hat das nichts zu tun. Diese kommt nur für die Zuständigkeit in Betracht (Ordnungsgrundsatz). Kleinere Gruppen, wie die der Mennoniten, der Gregorianer, der Lippowaner und der Anglikaner, die freie Religionsübung erhalten hatten, aber keine eigene Religionsgemeinschaft bildeten, heirateten, wenn und solange sie anerkannte Seelsorger nicht hatten, vor dem Seelsorger der Religionsverwandten, denen sie angegliedert waren, ohne dadurch ihre Religionszugehörigkeit aufgeben oder verleugnen zu müssen. Im besonderen war nach schlesischem Vorbild vorgeschrieben, daß die Evangelischen, die keinen eigenen Seelsorger hatten, vor dem katholischen Pfarrer heiraten mußten[100]). Nichtsdestoweniger galt auch weiterhin für sie das Eherecht der nichtkatholischen christlichen Religionsverwandten und nicht das der Katholiken. Wenngleich diese Bestimmungen unter der Herrschaft der Josephinischen Ehegesetzgebung getroffen waren, so macht das nichts aus, da diese vom bürgerlichen Gesetzbuch nicht wesentlich abweichen und auch noch zur Zeit der Wirksamkeit des bürgerlichen Gesetzbuches in Kraft standen[101]). Es gab aber auch, wenigstens unter den Ausländern, Religionsbe-

[99]) Vgl. die Überschriften der §§ 111, 115 u. 123 ABGB.

[100]) HD. vom 16. März 1782 (Slg. in Publ. eccl., Nr. 165).

[101]) Das beweist das bis 1833 amtlich vorgeschriebene Lehrbuch des Kirchenrechts von Rechberger, insbesondere I, S. 194 ff.

kenner, die keinem Religionsverbande angehörten, vollends Einzelgänger waren.

Nur aus der Maßgeblichkeit der Religionszugehörigkeit erklärt sich auch das oben geschilderte Fortwirken des Ehehindernisses der höheren Weihe und der Ordensprofeß und des Grundsatzes der Untrennbarkeit oder Trennbarkeit der Ehe selbst über den Austritt aus der Religionsgenossenschaft hinaus, sogar beim Übertritt zu einer solchen, die derartige Einrichtungen gar nicht kennt. Es gehört auch mit zum Geist des bürgerlichen Gesetzbuches, die bei der Eheschließung bestehenden religiösen Anschauungen der Ehewerber für die ganze Dauer der Ehe fortwirken zu lassen. Aus der Kirchenzugehörigkeit lassen sich diese Erscheinungen, worauf schon oben hingewiesen worden ist, nicht erklären.

2. StG. (27. Mai 1852, RGBl. Nr. 117). Das Strafgesetzbuch ist das einzige Gesetz, das Religion und Religionsgenossenschaft — wenn auch nicht durchwegs — unterscheidet und auseinanderhält. Es ist das um so auffallender und anerkennenswerter, als das Strafgesetz unter der Herrschaft des Silvesterpatentes (Patent vom 31. Dezember 1851, RGBl. Nr. 3/1852) entstand, demzufolge es nur anerkannte Religionsgenossenschaften gab und jeder Religion auch eine Religionsgenossenschaft entsprach[102]). Schwierigkeiten in der Auslegung bietet der Umstand, daß das Gesetz den Grund — und damit den eigentlichen Gegenstand — des Strafschutzes nicht erkennen läßt. Beides ist wohl auch nicht einheitlich[103]).

Vor allem[104]) handelt es im § 122 vom Verbrechen der Religionsstörung. Geschützt ist hier die Religion als solche; die Bestimmung bezieht sich daher heute auf alle (anerkannten und nicht anerkannten) Religionen[105]), soweit sie nicht rechtswidrig oder sittenverletzend und daher verboten sind. Eine Einschränkung auf anerkannte Religionen, wie das Herbst und Finger[106]) befürworteten und ver-

---

[102]) Köstler, Religionspolitische Bestimmungen, S. 334.

[103]) Vgl. Reintjes, Glaubensgemeinschaften, S. 11 ff. u. 17 f.

[104]) Vgl. zum folgenden Heidlmair, Kultuswesen, S. 35[1].

[105]) Köstler, Religionspolitische Bestimmungen, S. 331.

[106]) E. Herbst, Handbuch des allgemeinen österreichischen Strafrechtes, 1. Bd., 5. Aufl., Wien, 1875, S. 284; A. Finger, Das Strafrecht (Kompendien d. österr. Rechts), 2. Bd., 3. Aufl., Berlin, 1914, S. 715; richtig: C. Stooß, Lehrbuch des österreichischen Strafrechts, 2. Aufl., Wien u. Leipzig, 1913, S. 454, und H. Lammasch, Grundriß des österreichischen Strafrechts, 5. Aufl. v. Th. Rittler, Wien, 1926, S. 361 f.

schiedene Entscheidungen[107]) taten, ist ungerechtfertigt. Strafbar ist also, wer (a) „Gott lästert" und (b) „wer eine im Staate bestehende Religionsübung stört oder ... öffentlich der Religion Verachtung bezeugt" und schließlich (d) „wer Unglauben zu verbreiten sucht"[108]). Demgegenüber schützt § 78 alle „gesetzlich anerkannten Körperschaften", daher auch solche religiöser Natur, gegen öffentliche Gewalttätigkeit, und § 303, wie schon die Überschrift „Beleidigung einer gesetzlich anerkannten Kirche oder Religionsgesellschaft" besagt, nur die anerkannten Kirchen und Religionsgesellschaften[109]) in ihrer Betätigung. Solche beleidigt, „wer ... die Lehren, Gebräuche oder Einrichtungen einer im Staate anerkannten Kirche oder Religionsgesellschaft verspottet oder herabzuwürdigen sucht oder einen Religionsdiener derselben ... beleidiget oder sich während ihrer öffentlichen Religionsübung ... unanständig beträgt". Kein eigentliches Religionsvergehen ist die Verbreitung einer verbotenen Sekte. Denn hier kommt nicht der Schutz von Religion oder Religionsgesellschaft in Frage, sondern die Wahrung der staatlichen Autorität. Nicht Religionsverletzung ist der Strafgrund, sondern die Übertretung eines staatlichen Verbotes. Wie ich schon an anderer Stelle[110]) dargetan habe, erscheint mir dieses Verbot des § 304 StG. — wenn nicht schon durch die Dezemberverfassung[111]) — durch den StV. beseitigt, demgemäß eine Sekte nur noch wegen Verstoßes gegen die öffentliche Ordnung oder die guten Sitten verboten werden kann (Art. 63, Abs. 2), dem auch Art. 27, Abs. 1, der neuen Verfassung Rechnung trägt. Nicht das staatliche Verbot darf entscheidend sein, sondern der tatsächliche Verstoß gegen die öffentliche Ordnung oder die guten Sitten.

Von den sonstigen, auf die Religion abgestellten Bestimmungen des StG. beziehen sich:

§ 153 (vorsätzliche körperliche Beschädigung eines Geist-

---

[107]) z. B. OGEE. vom 15. Mai 1874, Slg. 9, und vom 16. November 1875, Slg. 88.

[108]) Zum letzten Punkt siehe K., Ist die Verbreitung von Unglauben nach dem bestehenden österr. Strafgesetze ein Verbrechen? (J. Bl., 4. Jg., 1875), S. 315 f. Rittler (Lehrbuch, S. 21) hält die Strafbestimmung gegen Verbreitung des Unglaubens durch Gewohnheit für abgeschafft.

[109]) Lammasch-Rittler, Grundriß, S. 363; vgl. auch Köstler, Religionspolitische Bestimmungen, S. 331 f.

[110]) Köstler, Religionspolitische Bestimmungen, S. 332 f.

[111]) K., Verbreitung von Unglauben, S. 316.

lichen während oder wegen Ausübung seines Berufes) nur auf anerkannte Religionsgenossenschaften. Darauf deutet die Gleichstellung des Geistlichen mit dem öffentlichen Beamten, weil nicht anerkannte Religionsgenossenschaften auch keine anerkannten Geistlichen haben können.

§ 174, II b (Diebstahl an einem zum Gottesdienste geweihten Orte) und § 175, I, a (Diebstahl an einer unmittelbar zum Gottesdienste gewidmeten Sache mit einer den Religionsdienst beleidigenden Verunehrung) auf alle Religionen mit ausgesprochenem Gottesdienst.

§ 302 (Aufreizung zu Feindseligkeiten gegen Religionsgenossenschaften) und § 496 (Bekundung absichtlicher Geringschätzung gegen die Religionsgesellschaften) auf alle (auch nicht anerkannte) Religionsgemeinschaften. Das beweist die Gleichstellung der Religionsgesellschaften mit den Nationalitäten, Klassen und Ständen, also Personenmehrheiten ohne bestimmte Begrenzung und ohne Rechtspersönlichkeit.

§ 316 und § 330 schützen die Siegel anerkannter Religionsgenossenschaften als öffentliche Amtssiegel.

3. StGG. (21. Dezember 1867, RGBl. Nr. 142). Dieses war durch die Übernahme in die Verfassungen nach dem Umsturz bis vor kurzem die verfassungsmäßige Grundlage für die Regelung religiöser Angelegenheiten, die im wesentlichen in den Art. 14—16 erfolgte. An der Spitze steht der Satz: „Die volle Glaubens- und Gewissensfreiheit ist jedermann gewährleistet.“ Dadurch war jedermann — im Zusammenhang mit den durchführenden InterkG. (Art. 4) freilich erst vom Alter der Religionsmündigkeit (14 Jahre) an — die Religionsfreiheit zugesichert. Sie ist in den weiteren Bestimmungen des Art. 14 näher ausgeführt und bezieht sich auf alle Religionen und auch auf die Religionslosigkeit. Demgegenüber handelt Art. 15 von der „gesetzlich anerkannten Kirche und Religionsgesellschaft“ und hat natürlich nur anerkannte Religionen im Auge. Art. 16 gewährt sodann „den Anhängern eines gesetzlich nicht anerkannten Religionsbekenntnisses“ die häusliche Religionsübung, „insofern dieselbe weder rechtswidrig noch sittenverletzend ist“. Die „Anhänger eines gesetzlich nicht anerkannten Religionsbekenntnisses“ sind nicht gleichbedeutend mit den „Personen, welche keiner gesetzlich anerkannten Kirche oder Religionsgesellschaft angehören“ (Überschrift des Gesetzes vom 9. April 1870, RGBl. Nr. 51). Der Kreis jener ist vielmehr enger als dieser. Es gehören zu letzteren alle sogenannten Konfessionslosen

(Dissidenten), zu ersteren nur ein Teil davon, nämlich die, die einer nicht anerkannten Gemeinschaftsreligion zugehören, nicht hingegen die Träger einer Privatreligion und die Religionslosen. Von diesen beiden Gruppen haben die letzteren überhaupt keine Religionsübung, die ersteren sind nicht durch Art. 16, sondern durch die Gewissensfreiheit nach Art. 14 betroffen. Es ist das ein Unterschied, der sich auch im Staatsvertrag findet, hier wie dort aber vielfach übersehen wird, weil man eben die Träger einer Privatreligion und die Religionslosen gewöhnlich nicht scheidet.

Das StGG. galt nach dem Titel nur für die Staatsbürger. Die Überschrift war eben unpassend. Denn das Gesetz enthielt nach angelsächsisch-französischem Muster eine Aufzeichnung der Menschen- und Bürgerrechte. Zu ersteren gehören aber insbesondere die Religionsbestimmungen. Diese gelten aber nicht nur für die Staatsbürger, sondern auch für alle Ausländer im Inland, gelten anderseits aber wieder für österreichische Staatsbürger im Auslande nicht. So wird der im Inlande ansässige Ausländer sicherlich die Glaubens- und Gewissensfreiheit für sich in Anspruch nehmen können, zumal sie „jedermann“ gewährleistet ist, auch wenn sie in seinem Heimatlande nicht oder nicht im gleichen Umfange bestehen sollte. Es besteht hier keine Gegenseitigkeit. Umgekehrt wird ein Österreicher im Auslande sich nicht auf österreichische Gesetze berufen können bei der Ausübung seiner Religion. Maßgebend ist eben hier Wohnsitz und nicht Staatsbürgerschaft. Es handelt sich eben nicht um internationales Privatrecht, sondern um internationales Verwaltungsrecht, in der Sprache des ABGB. nicht um „bürgerliche Gesetze“ (§ 4), sondern um „politische Vorschriften“ (§ 140). Davon wird noch bei der Besprechung des durchführenden interkonfessionellen Gesetzes (unter P. 6) des Näheren die Rede sein.

4. EidG. (3. Mai 1868, RGBl. Nr. 33). Dieses hat es ganz offensichtlich mit der Religionszugehörigkeit und nichts mit der Kirchenzugehörigkeit zu tun. Denn die Ablegung eines Eides ist eine Religionshandlung, die von der Zugehörigkeit zu einem religiösen Verband ganz unabhängig ist. Aus der Beratung des Entwurfes[112]) dieses Gesetzes geht hervor, daß es darum ging, die Beeidigung der Juden, die bis dahin durch Sondernormen abweichend und umständlich

---

[112]) Sitz. Ber. d. Abg. Hauses, IV. Session (1868), S. 2177, und des Herrenhauses, IV. Session (1868), S. 711.

geregelt war, und die der Christen auf eine einheitliche Formel zu bringen, Gleichförmigkeit der Eidesformel bei Christen und Juden zu erreichen. In der Aussprache des Abgeordnetenhauses warf hiebei ein Abgeordneter (Greuter) die Frage auf, wie Gottlose beeidet werden sollen. Sie wurde aber nicht verhandelt und nicht beantwortet, sondern man ging über sie zur Tagesordnung über. Das ganze Gesetz spricht nur von Christen („Personen, welche sich zur christlichen Religion bekennen") und Juden („Israeliten") (§ 4) und macht es zweifelhaft, ob auch „Konfessionslose" darunter fallen. Daß dies wenigstens hinsichtlich der nicht anerkannten Bekenner der Fall ist, ergibt sich aus der Aufrechterhaltung (§ 5) des Hofdekretes vom 26. August 1826, JGS. Nr. 2217, über die Beeidigung der Mohammedaner[113]). Deren Religion war damals noch nicht anerkannt, heute ist es — durch ein eigenes Gesetz vom 15. Juli 1912, RGBl. Nr. 159 — nur die des hanefitischen Ritus. Da das Gesetz Zweifel ließ, wie „Konfessionslose" zu beeiden seien, geschah das auf verschiedene Weise[114]), bald nach dem Zeremoniell ihrer früheren anerkannten Religion, bald nach der Formel des § 1 ohne die Förmlichkeiten des § 4[115]), bald wurden sie nicht beeidet, sondern von ihnen bloß der Handschlag verlangt. Bei Gottlosen wurde gewöhnlich vom Eid abgesehen. Erst die erste Strafprozeßnovelle von 1920 (Ges. vom 15. Juni 1920, StGBl. Nr. 279) sieht durch Einfügung des § 240 a bei Schöffen und durch Ergänzung des § 313 StPO. bei Geschwornen[116]), „die keinem Religionsbekenntnis angehören", den Handschlag vor, eine Vorschrift, die sinngemäß auch für das bürgerliche Verfahren[117]) anzuwenden ist. Daraus ergibt sich wohl endgültig, daß nicht die Kirchen-, sondern die Religionszugehörigkeit entscheidet, daß daher auch die Dissidenten mit Ausnahme der wirklich Glaubenslosen beeidet werden können, soweit nicht aus religiösen Gründen Erleichterungen (Handschlag statt Eid) zugelassen wurden[118]).

---

[113]) Ebenso Henner, Interk. Verh., S. 916.

[114]) A. Brüller, Die Beeidigung Konfessionsloser in Österreich, J. Bl., 60. Jg., 1931, S. 116 f. u. S. 137 ff.

[115]) OGEE. vom 1. Mai 1872, Slg. 4594, vom 24. November 1874, Slg. 5543, und vom 6. Juli 1909, Slg. 4671.

[116]) Jetzt durch Wegfall der Geschwornengerichte gegenstandslos geworden (Verf. Art. 106); dazu BG. vom 19. Juni 1934, BGBl. Nr. 77/II, Art. III f.

[117]) EG. z. ZPO., XL; EO. § 78.

[118]) Zunächst zugunsten der Mennoniten durch HD. vom 10. Jän-

5. SchulG. (25. Mai 1868, RGBl. Nr. 48). Dieses hat es nur mit den anerkannten Religionen und Religionsgenossenschaften zu tun[119]). Behandelt es doch die Besorgung, Leitung und unmittelbare Beaufsichtigung des Religionsunterrichtes und der Religionsübungen (§ 2), die Errichtung konfessioneller Schulen (§ 4 f.), die Anstellung der Religionslehrer (§ 6), die Begutachtung der Religionslehrbücher (§ 7), den Wirkungskreis der geistlichen Schulbehörden (§ 11) und die konfessionelle Vertretung im Landesschulrat (§ 12), Aufgaben, die durchwegs die anerkannten Religionsgenossenschaften berühren. Auch die Durchführung im RVSchG., dessen Novelle (Ges. vom 2. Mai 1883, RGBl. Nr. 53) Religion als Pflichtgegenstand vorschreibt, denkt nur an die anerkannten Religionen[120]), für deren Unterricht in den Schulen die betreffende Religionsgenossenschaft Sorge zu tragen hat (§ 5, StGG. Art. 17, Abs. 4); ob als Recht oder als Pflicht, diese bisherige Streitfrage[121]) entscheidet die Verfassung jetzt (Art. 31, Abs. 5) in ersterem Sinne. Daraus ergibt sich aber auch, daß nicht an jeder Schule alle anerkannten Religionen, nach deren Unterricht Bedürfnis wäre, unterrichtet werden müssen[122]). Es kann leicht vorkommen, daß in ausgesprochen katholischen Gegenden nur ganz vereinzelt andersgläubige Schüler sich finden, und kein Seelsorger der betreffenden Religionsgenossenschaft und auch kein geeigneter Lehrer derselben Religion für den Religionsunterricht in der Schule zu Gebote steht. Dann fällt die Pflicht zum „Unterricht in der Religion" (ABGB. § 139) auf die Eltern zurück[123]); denn „die Eltern oder deren Stellvertreter dürfen ihre Kinder oder Pflegebefohlenen nicht ohne den Unterricht lassen, welcher für die Volksschule vorgeschrieben ist" (RVSchG. § 20)[124]). Ferner: „Wird eine

---

ner 1816, JGS. Nr. 1201, und dann der Lippowaner zufolge AH. E. vom 6. März 1859 (Henner, Interk. Verh., S. 916, und Heidlmair, Kultuswesen, S. 480[1]); jetzt zufolge I. StPNov. von 1920 (Ges. vom 15. Juni 1920, Art. I, P. 17) verallgemeinert auf alle, „deren Bekenntnis die Eidesleistung untersagt".

[119]) Hussarek, Erziehung, S. 624.

[120]) VfGE. vom 16. Mai 1927, Slg. 802.

[121]) E. Henner, Religionsunterricht (Österr. Staatswb., 2. Aufl., 4. Bd., Wien, 1909), S. 113.

[122]) Vgl. Min. Vdg. vom 10. Juni 1875, Z. 844, VBl. 26 (Burckhard, Kultusgesetze, I, S. 94).

[123]) Hussarek, Erziehung, S. 608 f.

[124]) Daraus folgt aber noch nicht, daß in Österreich jedes Kind

konfessionelle Privatvolksschule von Kindern eines anderen Bekenntnisses ... benutzt, so haben die Eltern dieser Kinder letzteren den erforderlichen häuslichen Religionsunterricht erteilen zu lassen"[125]). Das Gleiche wird insbesondere auch dann gelten müssen, wenn eine bisher anerkannte Religionsgenossenschaft ihre letzte Gemeinde verloren hat, wie das infolge der Einschrumpfung Österreichs bezüglich der Mennoniten, Lippowaner, orientalischen Armenier und Herrnhuter der Fall ist[126]), oder, wie die Islamiten des hanefitischen Ritus, eine solche gar nie besessen haben. Letzteren stehen vollends gleich die nicht anerkannten Religionsgenossenschaften (Freikirchen), die Bekenner einer nicht anerkannten Gemeinschaftsreligion[127]).

6. InterkG. (25. Mai 1868, RGBl. Nr. 49). Seine Auslegung ist und bleibt die schwierigste Frage. Insbesondere darüber, ob es sich auf die anerkannten Religionen beschränkt oder auch Konfessionslosigkeit für Kinder gelten läßt, wird lebhaft gestritten. Die Entstehungsgeschichte gibt keine genügende Aufklärung. Der Gesetzesentwurf war, nachdem ein in Aussicht genommenes allgemeines Religionsgesetz gescheitert war, im Schoße des konfessionellen Ausschusses des Abgeordnetenhauses nach dem Vorbilde des bayrischen Religionsediktes von 1818[128]) rasch ausgearbeitet und mit einigen Änderungen, die die Regierung gewünscht hatte, in kurzer Frist und ohne viel Beratung angenommen worden. Die Frage, ob es sich bloß auf anerkannte oder auch auf nicht anerkannte Religionen beziehen solle, ist, soviel ich sehe, in den Beratungen gar nicht aufgeworfen worden. Man stritt nur darüber, ob das Konkordat beibehalten werden solle oder nicht. Die meisten oder vielleicht gar alle Redner dachten wohl von ihrem religiösen Standpunkt ausgehend — vermutlich waren Konfessionslose gar nicht darunter — nur an anerkannte Religionen, von den nicht anerkannten hatte man nicht Notiz genommen, trotzdem erst 5 Monate vorher im selben Reichsrat ihre Stellung staatsgrundgesetzlich im all-

---

in einer anerkannten Religion unterrichtet werden muß, wie Henner (Interk. Verh., S. 912) behauptet.

[125]) J. Ulbrich, Lehrbuch des österreichischen Verwaltungsrechtes, Wien, 1904, S. 554; dazu Min. Vdg. vom 15. Dezember 1869, Z. 10.950, VBl. Nr. 100 (Burckhard, Kultusgesetze, S. 40[27]).

[126]) Köstler, Religionspolitische Bestimmungen, S. 334 f.

[127]) Ebenso Bartsch in Klangs Kommentar, I/1, S. 847.

[128]) Stenogr. Prot. d. Herrenhauses, IV. Session (1868), S. 861 (a. E.); vgl. auch Hussarek, Erziehung, S. 610[16].

gemeinen geregelt worden war. Die Änderungen, die die Regierung verlangt und der Ausschuß angenommen hatte, waren in vielem Verbesserungen, im Gegenstande waren sie das freilich nicht. Der ursprüngliche Text war zwar weitschweifiger, aber klarer. Um das zu beweisen, sei der Wortlaut des Entwurfes[129]) und des Gesetzes im folgenden gegenübergestellt:

Entwurf:	Gesetz:
I. In Beziehung auf das Religionsbekenntnis der Kinder und die freie Wahl des Religionsbekenntnisses.	I. In Beziehung auf das Religionsbekenntnis der Kinder.
Art. 1: Für Kinder, so lange sie das zur Wahl des Religionsbekenntnisses erforderliche Alter nicht erlangt haben, wird das Religionsbekenntnis, dem sie angehören und in welchem sie daher unterrichtet und erzogen werden sollen, nach der im folgenden Artikel enthaltenen Anordnung bestimmt.	(gestrichen.)
Art. 2: . . .	Art. 1: (teilweise verändert).
Art. 3: . . .	Art. 2: (teilweise verändert).
(Überschrift fehlt hier.)	II. In Beziehung auf den Übertritt von einer Kirche oder Religionsgenossenschaft zur anderen.
Art. 4: (1) Nach vollendedem 14. Lebensjahre hat jedermann ohne Unterschied des Geschlechtes die freie Wahl des Religionsbekenntnisses nach seiner eigenen Überzeugung.	Art. 4: (1) (wortgleich mit dem Zusatz): . . . und ist in dieser freien Wahl nötigenfalls von der Behörde zu schützen.

[129]) Stenogr. Prot. d. Abg. Hauses, IV. Session (1867/69), S. 2535 f.

(2) Derselbe darf sich jedoch zur Zeit der Wahl (nicht) in einem Geistes- oder Gemütszustande befinden, welcher die eigene freie Überzeugung ausschließt.	(2) (wortgleich).
Art. 5: (1) ...	Art. 3: (1) (wortgleich).
(2) ...	(2) (wortgleich).
(3) Ebenso ist jedem, der zur freien Wahl des Religionsbekenntnisses befugt ist, von der Behörde der Schutz seiner diesfälligen Freiheit zu gewähren.	(3) (gestrichen; dafür in Art. 4 entsprechender Zusatz).
II. *In Beziehung auf den Übertritt von einer Kirche oder Religionsgenossenschaft zur anderen.*	(Fehlt hier, wurde vor Art. 4 gesetzt.)
Art. 6: Demjenigen, welchem die freie Wahl des Religionsbekenntnisses zukommt, steht der Übertritt von einer Kirche oder Religionsgenossenschaft zu einer anderen jederzeit ohne weitere Bedingung oder Einschränkung frei.	(gestrichen.)
Art. 7: Durch die Religionsveränderung gehen alle *genossenschaftlichen* Rechte der verlassenen Kirche oder Religionsgenossenschaft an den Ausgetretenen ebenso wie die Ansprüche dieses an jene verloren.	Art. 5: (wortgleich).
Art. 8: ...	Art. 6: (geändert).

Zu diesen Änderungen bemerkte der konfessionelle Ausschuß:

Zu Art. 1: Der Ausschuß hat „den nach den Regierungsamendements zum Wegfall beantragten Art. 1 für nicht notwendig erkannt und daher zu beseitigen erachtet" (S. 2537).

Zu Art. 5: „Zu Art. 3 des neuen Entwurfes" — wie er Gesetz wurde —, „ist zu erinnern, daß der Ausschuß, auf die Proposition der Regierungsamendements, den Art. 4 des früheren Entwurfes hier entfallen zu lassen und unter II zu verweisen, einging" (S. 2538).

Zu Überschrift I: „Mit Beziehung auf die Hinweglässung des Art. 4 war es übrigens eine notwendige Folge, daß der Ausschuß nunmehr auch die Überschrift I: ... durch Beseitigung der letzteren Worte ‚und die freie Wahl des Religionsbekenntnisses' verkürzte" (S. 2538).

Zu Art. 4: „Der Art. 4, nach den Regierungsamendements angenommen, entspricht dem Art. 4 des früheren Ausschußentwurfes mit dem Anhange des Alinea 3 des früheren Art. 5, welches bei dem vorhergehenden Art. 3 hinweggelassen worden ist" (S. 2538).

Zu Art. 6: „Der Art. 6 des früheren Entwurfes wurde dermalen in Übereinstimmung mit der Ansicht der Regierungsamendements als nicht erforderlich beseitigt" (S. 2538).

Das Schrifttum bezog, bei der Unklarheit des gesetzlichen Ausdruckes, die Bestimmungen über die Religion der Kinder regelmäßig[130]) nur auf die anerkannten Religionen, zumal die sonstigen Anordnungen des Gesetzes unstreitig nur von anerkannten Religionsgenossenschaften handeln, und kam zu dem Ergebnis, daß Kinder stets eine anerkannte Religion haben müssen. Haben die Eltern keine solche, so müssen sie doch gemäß Art. 1, Abs. 4, eine solche für die Kinder wählen, bzw. diese müssen die anerkannte Religion ihrer Eltern bei deren Austritt beibehalten. Hiebei war wohl der Wunsch der Vater des Gedankens. Soweit eine Begründung gegeben wurde, versagte sie, wie noch zu erweisen sein wird. Der Anschauung des Schrifttums folgte zunächst auch die

---

130) R. v. Scherer, Die Kinder der Konfessionslosen (Arch. f. kath. Kirchenr., 49. Bd., 1883), S. 122 ff., und ders., Nochmals die Kinder der Konfessionslosen (ebdort, 50. Bd., 1884), S. 257 ff.; Illasiewicz, Religionsbekenntnis, S. 194, und besonders S. 223 ff.; Di Pauli, Konfessionslosigkeit, S. 451; Henner, Interk. Verh., S. 911; Hussarek, Erziehung, S. 616 ff.; ders., Grundriß, S. 14 f.; ders., Die kirchenpolitische Gesetzgebung der Republik Österreich (Der Katholizismus in Österreich, Innsbruck-Wien-München, 1931), S. 34.

Rechtsprechung[131]). Dann ließ der Verwaltungsgerichtshof „Konfessionslosigkeit“ (d. h. Religionslosigkeit) auch bei Kindern gelten, wenn ihr die Eltern schon zur Zeit der Geburt des Kindes zugetan waren[132]), später auch im Falle nachherigen Übertrittes der Eltern zur „Konfessionslosigkeit“, wenigstens bis zum Beginn der Schulpflicht, da dann das Kind religiös erzogen werden und daher Religionsunterricht erhalten muß[133]). Erst in neuerer Zeit (seit 1924) ließ der genannte Gerichtshof[134]) mit Berufung auf den Staatsvertrag „Konfessionslosigkeit“ (d. h. Religionslosigkeit) und bald darauf auch der Verfassungsgerichtshof[135]), jedoch ohne diese Berufung auch bei Kindern, und zwar dauernd zu, wenn die Eltern zur Zeit der Geburt des Kindes „konfessionslos“ (d. h. Dissidenten) waren oder es vor dem 7. Lebensjahr des Kindes wurden. Der Bundesgerichtshof kehrte jüngst zur älteren Auffassung zurück[135a]).

Weder die ältere noch die jüngere Anschauung trifft meines Erachtens das richtige. Ist die erstere zu eng, geht die letztere zu weit. Ganz verfehlt ist die Berufung auf den Staatsvertrag, als ob dieser etwas geändert hätte. Richtig bemerkt ein Erkenntnis des Verfassungsgerichtshofes[136]), der Staatsvertrag besage nur mit mehr Worten das, was bisher schon das Staatsgrundgesetz gesagt hat.

Wenn man schon die ältere Auffassung der Gerichte annehmen und gelten lassen wollte, daß das InterkG. nur anerkannte Konfessionen im Auge habe, dann müßte man aber auch mit Rücksicht auf die verfassungsmäßig gewährleistete häusliche, d. h. im Kreise der Familie und des Hauses abgehaltene Religionsübung, die den Bekennern einer nicht anerkannten Religion schon seit der Dezemberverfassung zugesagt ist, im Sinne des ABGB. § 7 die Regelung über die Religionsbestimmung und Religionsveränderung der Kinder

---

131) Z. B. VwGE. vom 26. April 1877, Slg. 69, vom 27. September 1879, Slg. 568, vom 25. Jänner 1905, Slg. 3256 (A).

132) VwGE. vom 22. April 1882, Slg. 1384, und vom 18. April 1884, Slg. 2094.

133) VwGE. vom 1. April 1911, Slg. 815 (A).

134) VwGE. vom 18. Jänner 1924, Slg. 13.429 (A); dazu Adamovich, Grundriß, S. 110¹, und Gerdes, Konfessionslosigkeit, S. 27 f.

135) VfGE. vom 16. Mai 1927, Slg. 797.

135a) Siehe unten Anm. 162.

136) VfGE. vom 16. Mai 1927, Slg. 802.

für Kinder solcher Personen sinngemäß anwenden[137]). Nur eines ist und bleibt unmöglich, daß das Kind religionslos erzogen wird, da nach dem — wie allgemein zugegeben wird — aufrecht gebliebenen § 139 ABGB. und auch nach dem InterkG. (Art. 1, Abs. 4) die Eltern und sonst Erziehungsberechtigten dem Kinde eine Religion zu bestimmen und es in dieser zu erziehen haben. Daran hat auch Art. 63 des StV. nichts verändert. Er läßt nur auch für die Bekenner einer nicht anerkannten Religion öffentliche Religionsübung zu, an der natürlich auch die Kinder solcher Bekenner teilnehmen können. Nur religionslos dürfen sie nicht aufwachsen, und das auch nicht trotz Art. 63, der eben von der Ausübung einer — wenn auch nicht anerkannten — so doch einer Religion handelt und weil auch der StV., wie sich aus seinem Art. 67 entnehmen läßt, in der Religion ein wertvolles Erziehungsmittel erblickt. Auch Art. 66, Abs. 2, hat mit der Religion der Kinder nichts zu tun. Er handelt lediglich von der Gleichstellung aller Religionsbekenntnisse beim Genusse bürgerlicher und politischer Rechte. Unsere neue Verfassung bestimmt denn auch ganz richtig (Art. 27, Abs. 1) in Übereinstimmung mit dem InterkG. (Art. 4), daß Glaubens- und Gewissensfreiheit und damit auch Religionslosigkeit den Religionsmündigen (über 14 Jahre) vorbehalten bleibt. Es ist das ein höchstpersönliches Recht der Eltern, das den Kindern nicht zugute kommt, für die eben das Gesetz die Religion bestimmt. Dadurch, daß auch religionslose Eltern eine (anerkannte oder nicht anerkannte) Religion für ihre Kinder bestimmen müssen, wird, wie schon oben angedeutet, ihr Recht auf Religions- oder Glaubens- und Gewissensfreiheit nicht berührt und die Kinder selbst haben ein solches Recht vor dem 14. Lebensjahr noch nicht. Sehr richtig heißt es in einem Erkenntnis des Verwaltungsgerichtshofes vom Jahre 1877: „Wenn durch die Gesetze verordnet wird, daß ein Kind, welches ein Religionsbekenntnis selbst zu wählen nicht imstande ist, einem und welchem bestimmten Religionsbekenntnisse angehören solle, und daß dasselbe in diesem zu unterrichten sei, so hat das mit der Glaubens- und Gewissensfreiheit der Eltern nichts zu tun“[138]). Aber fast ein halbes Jahrhundert später (1924) erklärte derselbe Gerichtshof bei der gleichen Rechtslage: „Hat ein Staatsbürger noch nicht das erforderliche Selbstbestimmungsrecht, so ist seine gesetzliche Vertretung berufen, für ihn jene

[137]) Vgl. Henner, Interk. Verh., S. 912.

[138]) VwGE. vom 26. April 1877, Slg. 69 (g. E.).

Erklärung abzugeben, durch die das Staatsbürgerrecht der Glaubens- und Gewissensfreiheit ausgeübt wird"[139]).

Es ist aber sehr die Frage, ob das erwähnte Gesetz von Haus aus in seinem ersten Abschnitt, der von der Religion der Kinder handelt, wirklich nur auf anerkannte Religionen abgestellt ist. Gesagt oder auch nur angedeutet ist das nirgends und ergibt sich auch nicht aus seiner Entstehungsgeschichte[140]). Die allgemeine Redeweise[141]) spricht im Zusammenhange mit der Tatsache, daß Bekenner einer nicht anerkannten Religion ihre Religion häuslich, d. h. auch unter Zuziehung ihrer Kinder, die zu ihrem Haus gehören und dort erzogen zu werden pflegen, üben dürfen — jetzt sogar öffentlich — und die Pflege der Religion in erster Linie Sache und Pflicht der Eltern ist, die ihnen von der öffentlichen Schule, nur soweit diese hiezu imstande ist, abgenommen wird, geradezu dagegen. Desgleichen die Tatsache, daß das Gesetz der Durchführung der Religionsbestimmungen des StGG. dienen sollte und dieses auch nicht anerkannte Religionen kennt, aber auch der Grundgedanke des Gesetzes selbst, daß die Religion der Eltern womöglich auch die der Kinder sein solle, um nicht religiöse Zwistigkeiten in die Familie hineinzutragen[142]). Aus all diesen Erwägungen heraus möchte ich glauben, daß das InterkG. sich auf alle Gemeinschaftsreligionen, anerkannte und nicht anerkannte, bezieht, nur nicht auf Privatreligion und Nichtreligion. Dieser Gedanke ist in der Wissenschaft nicht neu, er ist bisher vereinzelt vertreten[143]), aber recht mangelhaft begründet und auch nicht in einen größeren Rahmen gestellt und vielleicht gerade darum meist übersehen oder nicht recht gewürdigt worden.

Ehe ich meine Anschauung näher begründe, möchte ich an die Bestimmungen der Art. 1—4 des Gesetzes erinnern. Sie besagen, in dürren Worten ausgedrückt: Eheliche und ihnen gleich gehaltene Kinder folgen der Religion ihrer

---

[139]) VwGE. vom 18. Jänner 1924, Slg. 13.429 (A); ähnlich unrichtig VfGE. vom 16. Mai 1927, Slg. 797.

[140]) Gegenteiliger Meinung ist Gerdes, Konfessionslosigkeit, S. 36 f.

[141]) Ähnlich —t—, Konfessionszwang, S. 307 f.

[142]) Es ist das derselbe Gedanke, der offenbar das Hindernis der Religionsverschiedenheit aufrecht erhielt.

[143]) Von —t—, Konfessionszwang, S. 289 ff., und von F. Thaner, Das Religionsbekenntnis von Kindern der sog. Konfessionslosen (Ztschr. f. d. Priv. u. öff. R. d. Gegw., 10. Bd., 1883), S. 598 ff.

Eltern, uneheliche der der Mutter. Bei gemischten Ehen folgen die Söhne der Religion des Vaters, die Töchter der Religion der Mutter, wenn die Ehegatten nicht durch Vertrag im Sinne des Gesetzes das Gegenteilige vereinbart oder die eine oder andere Religion für alle Kinder bestimmt haben. In allen anderen Fällen (z. B. bei Findelkindern) bestimmt der Erziehungsberechtigte dem Kinde die Religion. Ein Religionswechsel der Eltern wirkt sich nur auf die noch nicht 7 Jahre alten Kinder aus. Nach dem vollendeten 14. Lebensjahr kann sich das Kind die Religion frei wählen. Bis dahin bestimmt sie das Gesetz oder der Wille der Erzieher im Rahmen des Gesetzes, dann der eigene Wille.

Das Gesetz spricht dabei unterschiedslos von „Religion", „Bekenntnis" und „Religionsbekenntnis". Was darunter zu verstehen ist, ist im Gesetz nicht gesagt. Als selbstverständlich kann zunächst gelten, daß es sich für den Rechtsbereich als einen äußeren Bereich (forum externum) nicht um innere religiöse Anschauung oder Gesinnung (innere Religion), sondern nur um deren Ausdruck (äußere Religion) handelt[144]), worauf insbesondere das Wort „Bekenntnis" abgestellt ist. Erst die Unterscheidung zwischen (innerer) Religion und (äußerem) Bekenntnis rechtfertigt die Zusammensetzung „Religionsbekenntnis"[145]). Da es an einer „juristisch-technischen Bedeutung"[146]) des Wortes fehlt, muß die des gemeinen Sprachgebrauches herhalten[147]). Dieser versteht aber darunter gewöhnlich jede Gemeinschaftsreligion[148]), unabhängig von staatlicher Anerkennung. Richtig bemerkt Porubszky: „Ein Religionsbekenntnis ist nicht mehr die religiöse Sondermeinung eines einzelnen, sondern bereits die religiöse Überzeugung von mehreren, setzt also eine Religionsgemeinschaft, eine Religionsgenossenschaft, voraus"[149]). Daß ab und zu das Wort auch auf die

[144]) Siehe oben Anm. 83.

[145]) Es steht hier ähnlich wie um die Willenserklärung im Recht. Der innerliche Wille ist nur durch die Erklärung, aus der Rückschlüsse gezogen werden, zu erkennen.

[146]) Hussarek, Erziehung, S. 620.

[147]) A. Merkl, Das Wesen des Religionsaustrittes (J. Bl., 45. Jg., 1916), S. 433 („rechtlich undeterminierte gesellschaftliche Auffassung").

[148]) Vgl. Grimm, Wörterbuch, VIII, Sp. 801, ‚Religion'; Reintjes, Glaubensgemeinschaften, S. 1.

[149]) G. Porubszky, Über die staatskirchenrechtliche Stellung der Personen und Genossenschaften in Österreich, die keiner gesetzlich anerkannten Kirche oder Religionsgesellschaft angehören, mit besonderer

Privatreligion ausgedehnt wird, ist allerdings richtig. Schillers bekannter Zweizeiler[150]) stellt beides gegenüber:

„Mein Glaube.
Welche Religion ich bekenne? Keine von allen,
Die Du mir nennst? — Und warum keine? — Aus Religion."

Daß hier im Gesetze an eine Privatreligion nicht gedacht sein kann, erhellt mit Sicherheit aus seinem Wortlaut. Denn es heißt z. B. im Art. 1: „Kinder folgen, soferne beide Eltern demselben Bekenntnisse angehören, der Religion ihrer Eltern" oder „bei gemischten Ehen folgen die Söhne der Religion des Vaters, die Töchter der Religion der Mutter." Bei einem Einzelgänger in der Religion wäre das gar nicht möglich[151]). Privatreligion und Nichtreligion gehen obendrein ohne scharfe Grenze ineinander über. Auch wüßte die Behörde im Falle einer Beschwerde nicht, wie es ihr aber im Art. 3 vorgeschrieben ist, „das Gesetzliche zu verfügen", da es die Religion der Eltern gar nicht kennt und nicht feststellen kann[152]); sie könnte in einem solchen Falle auch die religiöse Erziehung des Kindes nicht überwachen. All das geht nur bei Gemeinschaftsreligionen.

Wie schon oben erwähnt, deutet die Wissenschaft die Worte „Religion", „Bekenntnis" und „Religionsbekenntnis" des Gesetzes als anerkanntes Religionsbekenntnis. Man behauptet: „Religionen, die keine gesetzliche Anerkennung genießen, sind nicht Religionen im Sinne des Gesetzes"[153]). Diese Behauptung wird aber schlagend widerlegt durch das StGG. (Art. 16), das vom „gesetzlich nicht anerkannten Religionsbekenntnis" spricht und die häusliche Religionsübung gestattet, an der also auch Kinder teilnehmen können[154]). Geradezu widersinnig wäre es, Kinder an dieser häuslichen Religionsübung eines nicht anerkannten Be-

Beziehung auf das Ehegesetz vom 9. April 1870, RGBl. Nr. 51 (Ztschr. f. Kirchenr., 9. Bd., 1870), S. 441.

[150]) Er wurde auch in der Aussprache des Abgeordnetenhauses über unser Gesetz (Sitz. Prot., IV. Session, 3. Bd., S. 2562) vorgebracht. Als man dem Staate Konfessionslosigkeit, d. h. Religionslosigkeit, vorwarf, erklärte der Abgeordnete Kuranda diesen Spruch als das „wahre Motto des Staates".

[151]) Vgl. —t—, Konfessionszwang, S. 297 f.

[152]) —t—, Konfessionszwang, S. 299.

[153]) Di Pauli, Konfessionslosigkeit, S. 451; ähnlich Hussarek, Erziehung, S. 620.

[154]) RGEE. vom 20. April 1880, Slg. 212—215.

kenntnisses teilnehmen zu lassen, ihnen diese Religion aber nicht zuzugestehen, sondern ihnen eine elternfremde anerkannte Religion aufzwingen zu wollen. Und wenn gesagt wird[155]), daß bei Zulassung auch nicht anerkannter Religionen für Kinder eine staatliche Überwachung nicht möglich wäre, so muß daran erinnert werden, daß das auch z. B. bezüglich der Einimpfung des Klassenhasses nicht möglich ist. Und wenn schließlich eingewendet wird[156]), daß der einzelne gar nicht in der Lage wäre, seinen Kindern den nötigen Unterricht in der Religion zu erteilen, so kann das auch bei anerkannten Religionen zutreffen, wenn der Unterricht der betreffenden Religion in der Schule nicht möglich sein sollte. Man führt auch an[157]), daß das Gesetz den (anerkannten) Religionsgenossenschaften ein Beschwerderecht einräumt (Art. 3, Abs. 2). Das ist richtig, kann ihnen aber eben nur zustehen, wenn es sich um eine Verletzung des Gesetzes zu ungunsten ihrer Religion handelt, nicht aber, wenn es um eine Religion geht, der keine Religionsgenossenschaft entspricht. Hier haben bloß die „nächsten Verwandten" ein solches Beschwerderecht. Das übersieht Illasiewicz, wenn er sagt: „Das InterkG. kann unter ‚Religion' oder ‚Religionsbekenntnis' nur die gesetzlich anerkannten Religionen begreifen, weil es sonst das bracchium saeculare Religionsgesellschaften leihen würde, die vor dem staatlichen Forum gar nicht bestehen"[158]). In ähnlicher Weise haben ja auch die Religionsgenossenschaften den Religionsunterricht in der Schule zu besorgen, aber natürlich auch nur so weit, als es sich um ihre Religion handelt und sie es zu tun imstande sind. Die herrschende Lehre[159]) betrachtet eben die Bestimmung der Religion für die Kinder viel zu sehr unter dem einseitigen Gesichtspunkte eines Anspruches der Religionsgesellschaft auf das Kind, in dem sich die Bedeutung des Gesetzes aber nicht erschöpft, und der bei nicht anerkannten Religionen gar nicht gegeben ist. Wo es im Gesetze wirklich nicht auf die Rechtspersönlichkeit der Religionsgemeinschaft ankommt, sondern auch nicht anerkannte Religionsge-

---

155) Hussarek, Erziehung, S. 623.

156) Hussarek, Erziehung, S. 624.

157) Illasiewicz, Religionsbekenntnis, S. 199.

158) Illasiewicz, Religionsbekenntnis, S. 209; ähnlich Scherer, Kinder der Konfessionslosen, S. 122 f. u. S. 262 f.

159) Illasiewicz, Religionsbekenntnis, S. 193 u. S. 199; Hussarek, Erziehung, S. 612 f.; VwGE. vom 25. Jänner 1905, Slg. 3256 (A).

meinschaften mitverstanden werden sollen —, wie z. B. bei der Religionswerbung (§ 7, Abs. 2) —, ist statt der Worte „Kirche oder Religionsgesellschaft" der allgemeinere Ausdruck „Religionspartei" verwendet. Gerade neu aufkommende Religionsbewegungen, die noch keinen gesicherten Bestand haben, werden trachten, andere als Mitglieder zu gewinnen, allenfalls auch mit unerlaubten Mitteln.

Der herrschenden Lehre ist auch entgegenzuhalten, daß das Gesetz inhaltlich in zwei Teile zerfällt, deren erster die Art. 1—4 umfaßt und von der Religion als solcher handelt, während der zweite Teil (Art. 5—15) von der Religionsgenossenschaft, nämlich von der anerkannten Kirche oder Religionsgesellschaft, spricht. Es folgen dann nur noch gemeinsame Schlußbestimmungen in den Art. 16—18. Deutlicher als das Gesetz sprach der oben abgedruckte Entwurf, der die inhaltliche Scheidung auch durch die Einteilung äußerlich gekennzeichnet hatte[160]). Der erste Teil des Entwurfes (I) behandelte wirklich seiner Überschrift gemäß „das Religionsbekenntnis der Kinder und die freie Wahl des Religionsbekenntnisses" und sprach dann im zweiten Abschnitt (II) vom „Übertritt von einer Kirche oder Religionsgesellschaft zur anderen". Dadurch, daß aber diese zweite Überschrift, die im Entwurf erst auf den Art. 4, der nach wie vor von der freien Religionswahl handelt, folgte, im Gesetz vor diesen verlegt und infolgedessen die Worte „und die freie Wahl des Religionsbekenntnisses" gestrichen wurde, ist die Trennung verwischt worden. Durch diese Verschiebung der erwähnten Überschrift (II) und die Einreihung des Art. 4 unter die Überschrift vom „Übertritt von einer Kirche oder Religionsgenossenschaft zur anderen" und Koppelung mit den betreffenden Vorschriften, die diesen Übertritt regeln, ist der Eindruck erweckt worden, als ob die freie Wahl des Religionsbekenntnisses (Art. 4) nur im Übertritt zu einer anderen Religionsgenossenschaft bestehen könnte. Daß dem nicht so sein kann, das beweist doch das StGG. durch seine Art. 14 und 16. Und daß durch die im Sinne des Wunsches der Regierung vom Ausschuß vorgenommenen Änderungen keine sachlichen oder inhaltlichen Abänderungen herbeigeführt werden sollten, sondern nur eine Kürzung beabsichtigt war, ergibt sich aus den oben angeführten Worten des Aus-

[160]) Das galt auch schon für den umfassenden Mühlfeldschen Entwurf eines Religionsgesetzes (1862); vgl. hiezu Schulte, Lebenserinnerungen, I, S. 190 f.

schußberichtes, der daher auch zur Erläuterung des Gesetzes unbedenklich herangezogen werden kann.

Der mehrfach erwähnte Art. 4 besagt seinem Wortlaut — im Entwurf auch seinem Zusammenhang — nach nichts anderes, als daß der Religionsmündige „die freie Wahl des Religionsbekenntnisses nach seiner eigenen Überzeugung" hat. Auch hier bedeutet „Religionsbekenntnis", wie stets im Gesetz, jede Gemeinschaftsreligion, wie der Vergleich der Art. 4 (Abs. 1) und Art. 6 des Entwurfes zeigt. Denn unser Gesetz regelt nach seiner Überschrift doch nur „die interkonfessionellen Verhältnisse der Staatsbürger in den darin angegebenen Beziehungen", d. h. also die Beziehungen zwischen den Konfessionen oder Bekenntnissen in dem oben angegebenen doppelten Sinne von Gemeinschaftsreligion und Religionsgemeinschaft und auch hier nicht in allen Beziehungen[161]). Denn es regelt nicht die Glaubens- und Gewissensfreiheit, derzufolge auch die Wahl einer Privatreligion oder einer Nichtreligion möglich ist. Das besorgt StGG. Art. 14.

Wenn aber unter dem Worte Religion jede Gemeinschaftsreligion verstanden wird, dann ergibt sich auch für den Begriff des Religionswechsels von selbst der eines Austausches einer Gemeinschaftsreligion gegen eine andere. Da die ältere Lehre stets nur anerkannte Religionen im Auge hatte, lief hiebei der Religionswechsel stets auf einen Religionsgenossenschaftswechsel hinaus, wofür das Gesetz jedoch (Überschrift II) den Ausdruck „Übertritt von einer Kirche oder Religionsgenossenschaft zur anderen" kennt. Als Kurzausdruck verwendet das Gesetz allerdings auch einmal die — fehlerhafte — Bezeichnung „Religionsveränderung". Es ist das im Zusammenhang mit der eben erwähnten Überschrift die Bestimmung des Art. 5, während derselbe Ausdruck („Veränderung", „das Religionsbekenntnis verändern") in Art. 2, Abs. 1, wirklich den Religionswechsel bedeutet. Gerade dieser Begriff des Religionswechsels hat der Rechtsprechung so unendliche Schwierigkeiten bereitet im Falle des Übertrittes der Eltern zur „Konfessionslosigkeit". Ältere Entscheidungen sahen in dem Übertritt zu

[161]) Für unrichtig halte ich daher die Ausführungen des VwGE. vom 25. Jänner 1905, Slg. 3256 (A), daß es bloß die „Tendenz des Gesetzes (sei), welche in Übereinstimmung mit dem Gesetzestitel dahin gerichtet ist, die Rechtssphäre der einzelnen Religionsgenossenschaften gegenseitig abzugrenzen". Es will eben überdies unabhängig davon den Kindern eine Religion bestimmen.

ihr keinen Religionswechsel[162]), jüngere allerdings[163]). Die älteren Entscheidungen hatten bei ihrer sprachlichen Beweisführung recht[164]), kamen aber dadurch ins Gedränge, daß sie nur anerkannte Religionen im Auge hatten und die „Konfessionslosigkeit", vielleicht durch des Wortes gemeine Bedeutung verleitet, der Religionslosigkeit gleichsetzten und nicht, wie ich das tue, zwischen nicht anerkannten Religionen, Privatreligion und Religionslosigkeit unterschieden. Es ist das ein Fall, wo offensichtlich der Ausdruck „Konfessionslosigkeit", der sprachlich etwas anderes bedeutet als gesetzlich, Verwirrung angerichtet hat. Übertritt von einer anerkannten Religion zu einer nicht anerkannten ist demnach wahrer Religionswechsel, nicht aber der zu einer Privatreligion oder gar zur Nichtreligion. Sprachlich ist es richtig, daß man von einem Kleiderwechsel nur dann spricht, wenn man andere Kleider anlegt, nicht wenn man sich ihrer bloß entledigt. An sich kann man von einem Wechsel allerdings sprechen bei einem Austausch von etwas gegen etwas anderes (Wechsel von Kleidern oder des Wohnortes), als auch bei einem Übergang von etwas zu nichts oder zum Gegenteil (Wechsel von Glück und Glücklosigkeit, Heiterkeit und Trübsinn). Aber sobald ein Bestimmungswort zum Grundwort „Wechsel" hinzutritt, bedeutet es nur ersteres. Ich kann den Wechsel von Glück und Glücklosigkeit weder als Glücks- noch als Glücklosigkeitswechsel, den Wechsel von Heiterkeit und Trübsinn weder als Heiterkeits- noch als Trübsinnswechsel bezeichnen. Eine solche Benennung würde nur einen Gradunterschied bedeuten. Will ich aber den Wechsel ins Nichts oder gar ins Gegenteil bezeichnen, dann muß der beides umfassende Oberbegriff zum Bestimmungswort werden. Etwa Schicksals- bzw. Stimmungswechsel. Ebenso bedeutet Religionswechsel nur den Austausch einer Religion gegen eine andere, nicht gegen Religionslosigkeit. Soll es auch diese mitum-

---

[162]) Z. B. VwGE. vom 26. April 1877, Slg. 69, vom 27. September 1879, Slg. 568, vom 18. April 1884, Slg. 2094; auch nicht im umgekehrten Fall: VwGE. vom 11. April 1888, Slg. 4036; ebenso Illasiewicz, Religionsbekenntnis, S. 215 f.; Gerdes, Konfessionslosigkeit, S. 36. — Die gleiche Auffassung teilt jetzt der Bundesgerichtshof in seinem Erkenntnis vom 21. Juni 1935, J. Bl. 1935, 352.

[163]) Z. B. VwGE. vom 18. Jänner 1924, Slg. 13.429 (A), vom 28. März 1927, Slg. 14.729 (A), und vom 12. April 1927, Slg. 14.754 (A); VfGE. vom 4. November 1927, Slg. 875.

[164]) Dagegen Hussarek, Erziehung, S. 637.

fassen, muß man etwa von einem Weltanschauungswechsel sprechen.

Diese meine Auslegung führt auch zu einem vernünftigeren Ergebnis als die neuere Rechtsprechung, die die Konfessionslosigkeit der Religionslosigkeit gleichsetzt und — gar mit Berufung auf den StB. — auch die Konfessionslosigkeit als Religion erklärt und daher in einem Übertritt zu ihr einen Religionswechsel sieht. Diese Anschauung führt unwillkürlich dazu, daß Kinder von Eltern, die selbst streng religiös sind, aber gerade keiner anerkannten Religion zugehören, wie die Anglikaner, gar nicht verpflichtet sind, ihre Kinder religiös zu erziehen, was nicht nur gegen einzelne Gesetzesbestimmungen, sondern gegen den ganzen Geist der österreichischen Gesetzgebung verstößt. Bartsch[165]) verpflichtet daher auch diese Eltern — richtig, aber nicht folgerichtig[166]) — zur religiösen Erziehung ihrer Kinder. Sie kann natürlich nicht durch die öffentliche Schule erfolgen — das ist ja auch bei anerkannten Religionen nicht immer möglich —, sondern kann nur privat geschehen. Nur die Kinder von Glaubens- und von Bekenntnislosen, meint Bartsch, können ohne Religionsunterricht belassen werden. Meines Erachtens müssen auch sie in einer Gemeinschaftsreligion unterrichtet und erzogen werden, die der Erziehungsberechtigte zu diesem Zwecke zu wählen hat (InterkG. Art. 1, Abs. 4). Solche Kinder können im Falle der Wahl einer anerkannten Religion auch den entsprechenden Religionsunterricht in der öffentlichen Schule besuchen[167]).

Und noch etwas gibt zu denken: Das Gesetz — und das neue tschechoslowakische Gesetz[168]) hält sich an diesen Wortlaut — spricht immer davon, daß die Kinder der Religion

---

[165]) Bartsch in Klangs Kommentar, I/1, S. 847.

[166]) S. 847: „Kinder von Konfessionslosen sind gleichfalls konfessionslos, d. h. die Verwaltung kümmert sich nicht darum, ob sie überhaupt einem Bekenntnisse angehören", verträgt sich wohl nicht gut mit dem Satz (S. 847): „Gehört das Kind keiner anerkannten Konfession an, so wird zu unterscheiden sein, ob es einem nicht anerkannten Bekenntnisse … angehört oder ob die Eltern, denen es folgt, überhaupt kein positives Religionsbekenntnis haben."

[167]) Min. Erl. vom 31. Mai 1934, Z. 9426 (Österreichisches Katechetenrecht, 2. Aufl., Wien, 1935, S. 45).

[168]) Ges. vom 25. April 1925, Slg. Nr. 96, über das gegenseitige Verhältnis der Religionsbekenntnisse; vgl. hiezu J. Schlenz, Grundriß der staatskirchenrechtlichen Gesetze und Verordnungen der C. S. R. (S. A. aus: Die deutschen Katholiken in der Tschechoslowakischen Republik), Warnsdorf, 1934, S. 16.

der Eltern „folgen". Das wurde gewöhnlich dahin verstanden, daß die Religion der Kinder durch das Gesetz bestimmt wird und die Eltern alles tun müssen, daß ihre Kinder in die entsprechende Religionsgenossenschaft, der sie selbst angehören, aufgenommen werden[169]). Diese Anschauung führt zur Anerkennung des Taufzwanges[170]). Daneben gibt es aber auch eine andere Auslegung, die schon frühzeitig in

[169]) Hussarek, Staatskirchenrecht, S. 15; Bartsch in Klangs Kommentar, I/1, S. 847.

[170]) Wenn die betreffende Kirche vom Empfang der Taufe die Mitgliedschaft abhängig macht. Da die Juden ihren formellen Aufnahmsakt nicht für die Mitgliedschaft als wesentlich erachten (Reformjuden), gibt es keinen Beschneidungszwang; Hussarek, Erziehung, S. 638 ff. Für den Taufzwang: M. E. vom 7. August 1875, Z. 9354 (A. Grießl, Kirchliche Vorschriften und österreichische Gesetze und Verordnungen in Matriken-Angelegenheiten, Graz, 1891, S. 69, und Heidlmair, Kultuswesen, S. 40[4]); VwGEE. vom 27. September 1879, Slg. 568; vom 21. September 1911, Slg. 8409 (A); RGE. vom 2. Juli 1913, Slg. 2016; ferner im Schrifttum R. v. Scherer, Handbuch des Kirchenrechtes, 2. Bd., Graz und Leipzig, 1891, S. 83 f.; R. Schindler, Der Taufzwang (Österr. Ztschr. f. Verw., 28. Jg., 1895), S. 9 f.; Illasiewicz, Religionsbekenntnis, S. 227 f. Widerspruchsvoll erscheint mir namentlich das Verhalten der beiden zuletzt genannten Schriftsteller, da sie die Kinder schon von Gesetzes wegen der Kirche (nicht: Religion) zuweisen und dennoch den staatlichen Taufzwang befürworten. So sagt R. Schindler (Die allgemeinen Grundsätze der österreichischen Matrikenführung [Österr. Ztschr. f. Verw., 27. Jg., 1894, S. 163]): „Der Katholik gehört nach dem Gesetze des Staates nicht dann erst zur katholischen Kirche, wenn er getauft ist, sondern schon dann, wenn er nach den Bestimmungen des zuletzt zitierten (= Interk.) Gesetzes als Katholik anzusehen ist." Und ähnlich heißt es bei Illasiewicz (Religionsbekenntnis, S. 224): „Der Rechtsgrund der Zugehörigkeit zur Kirche ist nicht ein sakramentaler Akt, sondern das staatliche Gesetz." Was soll dann noch der staatliche Taufzwang? Beide Schriftsteller verwechseln eben Kirche und Religion; aber selbst wenn das im Art. 1 des InterkG. drinnen stünde, was sie — und andere — herauslesen, so wäre es durch § 3 des sechs Jahre späteren AnerkG. aufgehoben worden. Sch. kam zu seiner fehlerhaften Anschauung durch die irrige Meinung (Taufzwang, S. 9), daß die religiöse Erziehung die Aufnahme in die Religionsgenossenschaft voraussetze (berichtigt durch Hussarek, Erziehung, S. 640[71]), J. (Religionsbekenntnis, S. 227) dadurch, daß er einen Anspruch der betreffenden Religionsgenossenschaft auf Übergabe des Kindes behufs religiöser Erziehung (nicht bloß auf diese) annimmt und ihn durch die staatliche Gewalt verwirklichen läßt. Richtig meint Henner, Interk. Verh., S. 910: Es gibt keinen staatlichen Taufzwang, wohl aber ein

Entscheidungen des Verwaltungsgerichtshofes[171]) und auch im Schrifttum[172]) zum Ausdruck kam. Es ist das die, daß die Kinder schon von Gesetzes wegen (ohne Zutun der Eltern) nicht nur die Religion der Eltern (Zwangsbekenntnis) haben, sondern auch ihrer Religionsgenossenschaft angehören. So hieß es in einem Erkenntnis des Verwaltungsgerichtshofes, daß „die Vornahme der Taufhandlung wohl eine gesetzliche Konsequenz, nicht aber die Voraussetzung der Zugehörigkeit zu der christlichen Religionsgemeinschaft bildet"[173]). Meines Erachtens handelt es sich aber, wie gleich gezeigt werden soll, gar nicht um die Aufnahme in die Religionsgenossenschaft, die die Eltern vielleicht gar nicht vornehmen lassen oder die die zuständige Religionsgenossenschaft verweigert, sondern um die bloße Religionsbestimmung.

Der oben mitgeteilte Ausschußentwurf war auch hier insofern deutlicher als das Gesetz, als er aussprach, was die Zuweisung zur elterlichen Religion für einen gesetzlichen Inhalt erhalten solle. Es ist dort im Art. I die Rede vom Religionsbekenntnis, „dem sie (die Kinder) angehören und in welchem sie daher unterrichtet und erzogen werden sollen". Es dreht sich also nicht um die Aufnahme in die Religionsgenossenschaft, die bei Weigerung der zuständigen Religionsgenossenschaft gar nicht durchsetzbar wäre, sondern um die religiöse Unterrichtung und Erziehung des Kindes im Sinne des ABGB. § 139. Dadurch, daß Art. 1 des Entwurfes als „nicht notwendig" im Gesetze weggeblieben ist, ist auch die nähere Aufklärung weggefallen. Ein Anklang hieran findet sich freilich auch noch im Gesetz, nämlich im Schlußsatz des Art. 1, wo vom „Religionsbekenntnis, in welchem Kinder erzogen und unterrichtet werden sollen", die Rede ist. Wenn oder solange nun ein Kind, das der anerkannten Religion seiner Eltern von Gesetzes wegen folgt, nicht in die betreffende Religionsgenossenschaft aufgenommen wird, ist es „konfessionslos" (Dissident), muß aber gleichwohl in der gesetzlichen Religion unterrichtet und erzogen werden, was auch ohne Kirchenzugehörigkeit ohneweiters möglich ist. Dieser bei anerkannten Religionen gewiß miß-

---

Recht der zuständigen anerkannten Religionsgenossenschaft, die Taufe mit ihren Mitteln zu erzwingen.

171) Z. B. VwGE. vom 18. April 1884, Slg. 2094.

172) So bei Schindler und Illasiewicz (siehe Anm. 170); Merkl, Religionsaustritt, S. 434.

173) VwGE. vom 18. April 1884, Slg. 2094 (S. 216).

liche Zwiespalt — bei nicht anerkannten ist er rechtlich unmöglich — ist aber nicht zu umgehen, da nun einmal Staat und Kirche die Zugehörigkeit zu Religion und Religionsgenossenschaft nach teilweise verschiedenen Gesichtspunkten bemessen.

Das InterkG. gilt meines Erachtens trotz des Wortes „Staatsbürger" in seinem Titel[174]) auch für Ausländer, die im Inlande wohnen, umgekehrt aber nicht für Österreicher, die ihren Wohnsitz nach dem Ausland verlegt haben. In erster Hinsicht wird das in einzelnen Punkten anscheinend allgemein zugegeben, so hinsichtlich der Bestattung eines im Inland verstorbenen Ausländers (Art. 12) oder der Erklärung des Austrittes aus einer anerkannten Religionsgenossenschaft (Vdg. vom 18. Jänner 1869, RGBl. Nr. 13, § 2)[175]). Hingegen erklärt der Erlaß des Ministeriums für Kultus und Unterricht vom 31. März 1881, Z. 2045, daß Ausländer in bezug auf die Wahl des Religionsbekenntnisses ihrer Kinder nicht ans österreichische, sondern ans heimatliche Gesetz gebunden sind[176]). Er beruft sich hiefür auf die §§ 4 und 34 ABGB. Meines Erachtens zu Unrecht, weil es sich hier, wie schon oben (P. 3) angegeben, nicht um „bürgerliche Gesetze" (§ 4), sondern um „politische Vorschriften" (§ 140) handelt[177]).

Keinem Zweifel unterliegt es wohl, daß ein Ausländer durch Verlegung seines Wohnsitzes nach Österreich zugleich Mitglied der entsprechenden Religionsgenossenschaft wird, wenn eine solche in Österreich anerkannt ist, weil diese alle in Österreich wohnhaften Bekenner derselben Religion, gleichgültig, ob In- oder Ausländer, umfaßt (vgl. AnerkG. § 8). Dadurch erlangt diese (österreichische) Religionsgenossenschaft auch einen gesetzlichen Anspruch auf Zuweisung des Kindes im Sinne des österreichischen Gesetzes[178]). Umgekehrt

[174]) Ähnlicher Fehler wie im Titel des StGG.; vgl. dazu F. Kirchlehner, Gilt das Gesetz vom 25. Mai 1868, RGBl. Nr. 49, über die interkonfessionellen Verhältnisse der Staatsbürger auch für die Ausländer? (Österr. Ztschr. f. Verw., 11. Jg., 1878), S. 141 f., und Neumeyer, Internat. Verw. R., I, S. 421 ff.

[175]) Kirchlehner, a. a. O., Heidlmair, Kultuswesen, S. 39[1]. — Im Gegensatz dazu nehmen aber österreichische Konsulate Austrittserklärungen entgegen, um sie der Heimatsbehörde zu übermitteln (Neumeyer, Internat. Verw. R., I, S. 394[22]).

[176]) Heidlmair, Kultusverwaltung, S. 42[2]; dazu Neumeyer, Internat. Verw. R., I, S. 393.

[177]) Vgl. Neumeyer, Internat. Verw. R., I, S. 407 ff.

[178]) Vgl. Illasiewicz, Religionsbekenntnis, S. 199.

gilt die Mitgliedschaft einer ausländischen Religionsgesellschaft in Österreich nicht. Anglikaner, Baptisten usw. können sich daher nicht darauf berufen, daß sie in ihrer Heimat einer Religionsgenossenschaft angehören, in Österreich ist das eben unmöglich, da sind sie „konfessionslos".

Das InterkG. gilt auch umgekehrt nicht für Österreicher, wenn diese, nicht bloß vorübergehend, im Auslande weilen, sondern dahin auswandern. Daß österreichische anerkannte Religionsgenossenschaften, von denen im Gesetz in der Hauptsache die Rede ist, im Auslande keinen Wirkungskreis ausüben können, ist klar. Aber auch das Religionsbestimmungsrecht ändert sich für den ausgewanderten Österreicher, wenn nicht Staatsverträge oder Gegenseitigkeit etwas anderes bestimmen[179]). Der Österreicher im Ausland kann seiner heimatlichen Religionsgenossenschaft gar nicht mehr angehören, weil er in Österreich gar keinen Wohnsitz mehr hat; diese kann daher auch an ihn keine Ansprüche stellen. Auch die Bestimmung der Religion der Kinder geht im Auslande nach dem betreffenden ausländischen Recht vor sich. Es handelt sich eben um „politische Vorschriften". Aber selbst wenn man, wie es der erwähnte Ministerialerlaß tut, die Bestimmungen der §§ 4 und 34 ff. ABGB. sinngemäß anwenden wollte, käme man zu dem gleichen Ergebnisse. Denn der ausgewanderte Österreicher wird bei der Bestimmung der Religion seiner Kinder gewöhnlich nicht daran denken oder beabsichtigen, diese nach Österreich zu schicken und dadurch auch in Österreich rechtliche Folgen hervorzubringen (ABGB. § 4), daher nicht ans österreichische Gesetz gebunden sein. Und umgekehrt wird die persönliche Fähigkeit des in Österreich lebenden Fremden zur Bestimmung der Religion seiner Kinder „insgemein nach den Gesetzen des Ortes, denen der Fremde vermöge seines Wohnsitzes unterliegt" (§ 34), zu beurteilen sein.

7. **AnerkG.** (20. Mai 1874, RGBl. Nr. 68). Dieses sieht die Möglichkeit der Entstehung neuer anerkannter Religionsgenossenschaften vor. Anerkannt wird hiebei die Religionsgemeinschaft als öffentlich-rechtliche Körperschaft, nicht eigentlich die Religion, diese nur mittelbar. Die Erlangung der Anerkennung setzt voraus[180]): a) daß Re-

---

[179]) So entscheidet VwGE. vom 13. Februar 1891, Slg. 5748, mit Berufung auf Gegenseitigkeit; vgl. **Neumeyer**, Internat. Verw. R., I, S. 416 u. 423.

[180]) Zum folgenden **Henner**, Religionsgesellschaften, S. 105, und **Hussarek**, Staatskirchenrecht, S. 12 f.

ligionslehre, Gottesdienst, Verfassung und Benennung nichts Gesetzwidriges oder sittlich Anstößiges enthalten, b) daß Errichtung und Bestand wenigstens einer Kultusgemeinde gesichert ist, und c) daß sich die neue Religionsgenossenschaft in irgend etwas Wesentlichem von den bisherigen unterscheidet. Die ersten beiden Voraussetzungen sind im Gesetz (§ 1) ausdrücklich angeführt, die letztere ergibt sich aus der Ausschließlichkeit der Religionsgenossenschaften von selbst.

Bei Gelegenheit der Anerkennung einer Religionsgenossenschaft wird demnach auch die Religion staatlich geprüft und geeicht und mit jener stillschweigend mitanerkannt. Anerkannt wird jede Religionsgenossenschaft meines Erachtens stets nur unter der Voraussetzung des Fortbestandes der gegebenen Verhältnisse (clausula: rebus sic stantibus)[181]. Wird daher die Religion in der Folge einer anderen anerkannten soweit angenähert, daß sie sich von dieser nicht mehr wesentlich unterscheidet (z. B. wenn etwa die Altkatholiken das Papsttum und seine Unfehlbarkeit anerkennten), so erlischt die bisherige Religionsgenossenschaft und geht in der anderen auf. Wird sie rechtswidrig oder sittenverletzend, ohne daß dieser Erscheinung durch die staatliche Kultusverwaltung Einhalt geboten werden kann (§ 15), so hört die Religionsgenossenschaft auf, die anerkannte Religionsgenossenschaft zu sein. Fällt schließlich die letzte Kultusgemeinde weg, so fällt mit ihr auch die Religionsgenossenschaft dahin[182]. Nicht ohne Bedeutung ist hiebei vielleicht, daß die Religionsgenossenschaft von Staats wegen als eine Körperschaft und nicht als Anstalt oder Stiftung betrachtet wird. Jede Religionsgemeinschaft, ob anerkannt oder nicht, setzt unbedingt eine menschliche Gemeinschaft voraus, ganz ebenso wie ein natürlicher Rechtsträger einen Menschen voraussetzt. Sie kann daher auch kein Vermögen mehr besitzen, keinen Vorsteher und keinen Seelsorger mehr haben, sie kann auch ihre Aufgaben (Besorgung und Überwachung des Religionsunterrichtes in der Schule, Überwachung der Religionsbestimmung der Kinder, Vornahme von Aufgeboten, Trauungen, Beerdigungen und Matrikenführung) nicht mehr erfüllen und für sich keinen strafrechtlichen Schutz in Anspruch nehmen. Es hat daher auch gar keinen Sinn, weiterhin von anerkannten Religionsgenossenschaften zu

[181]) Ebenso H e n n e r, Religionsgesellschaften, S. 106; wohl auch H u s s a r e k, Staatskirchenrecht, S. 13.

[182]) Zweifelnd E. H e f e l, Kirche und Staat in Österreich (Staatslexikon, 5. Aufl., 3. Bd., Freiburg i. B., 1929), Sp. 256.

sprechen, wie die herrschende Lehre das tut. In Verfolg der herrschenden Lehre könnten z. B. Mennoniten oder Lippowaner, die in Österreich keine Gemeinde mehr bilden, gar nicht mehr heiraten. Sie müßten es nach dem Gesetze vor ihrem Seelsorger tun, der auch die Ehe einzutragen hätte. Das ist aber nicht möglich. Vor dem Standesamte aber können sie nicht heiraten, da dieses nach dem Gesetze nur für Aufgebot, Trauung und Matrikenführung von Ehen der Personen da ist, die keiner gesetzlich anerkannten Kirche oder Religionsgesellschaft angehören oder denen Aufgebot oder Trauung vom zuständigen Seelsorger verweigert wird. Die Verwaltung hilft sich hier mit sinngemäßer Anwendung der Vorschriften für Dissidenten[183]). Nach meiner Auffassung sind diese Vorschriften unmittelbar anwendbar, da die anerkannte Religionsgenossenschaft nicht mehr besteht und die einzelnen Bekenner jetzt keiner gesetzlich anerkannten Kirche oder Religionsgesellschaft mehr angehören.

Mit der anerkannten Religionsgenossenschaft ist aber darum noch nicht die Anerkennung selbst verschwunden. Sie schränkt sich jetzt vielmehr auf die Religion ein. Das zeigt sich darin, daß die Bekenner sich nicht als konfessionslos, sondern mit ihrer Religion zu melden und darin auch bei der Trauung aufzutreten haben. Ihre Standesfälle sind unter Nennung ihrer (anerkannten) Religion einzutragen, was nunmehr auch ausdrücklich anerkannt wurde[184]). Es ist also auch hier wieder zwischen Religion und Religionsgenossenschaft, Glaubens- und Kirchenzugehörigkeit zu unterscheiden. Die Anerkennung, einmal ausgesprochen, wirkt insofern weiter, als sie bei Wiedereintritt der Voraussetzungen, unter denen sie erteilt worden war, also beim Wiedererstehen der ersten Gemeinde, auflebt, ohne neuerlich ausgesprochen werden zu müssen[185]). Nicht die Anerkennung ist erloschen —

---

183) Erl. d. Bundeskanzleramtes (Inneres) vom 18. August 1933, Z. 188.642, und vom 23. Dezember 1933, Z. 212.264 u. 212.266 (Herrnhuter, Mennoniten, orientalische Armenier und Lippowaner) (Amtl. Nachr. d. niederöst. Landesreg., 1934, S. 14, und Wiener Diözesanblatt, 1934, S. 3 f. u. 75).

184) a. a. O. Es ist das allerdings jetzt auch für andere Gemeinschaftsreligionen (Freikirchen) bereits vorgesehen (siehe unten Anm. 191).

185) Ausgesprochen im Erl. d. Bundeskanzleramtes (Inneres) vom 23. Dezember 1933, Z. 212.266, hinsichtlich der armenisch-orientalischen Kirche (vgl. Katechetenrecht, S. 13[3]).

wie Rittler[186]) mich mißversteht —, sondern die (anerkannte) Religionsgenossenschaft.

Anders steht es seltsamerweise um den Islam des hanefitischen Ritus. Dieser war seinerzeit den bosnisch-herzegowinischen Truppen zuliebe, die zeitweilig in Österreich lagen, ohne Gründung einer Gemeinde und mit gewissen Einschränkungen (keine Vielweiberei, keine Anerkennung der Seelsorger und keine Übertragung staatlicher Aufgaben) durch ein eigenes Gesetz (vom 15. Juli 1912, RGBl. Nr. 159) und nicht nach dem allgemeinen Anerkennungsgesetz oder nach dessen Voraussetzungen anerkannt worden[187]). Es bestand nie eine eigentliche Religionsgenossenschaft, sondern bloß eine Bekennerschaft als solche (ohne Organisation), und die Anerkennung bedeutete im Grund nur die Zulassung öffentlichen Gottesdienstes ohne Gemeindebildung. Da seit dem StV. dieses Recht auch nicht anerkannten Religionen zusteht, hat hier die gesetzliche Anerkennung ihre eigentliche Bedeutung verloren[188]). Die Religionsgenossenschaft selbst ist nie ins Leben getreten[189]), sie wurde vom Gesetz nur angenommen. Diese gesetzliche Annahme besteht, da sie von tatsächlichen Voraussetzungen unabhängig ist, unverändert weiter. Da der Grund der Anerkennung weggefallen ist, könnte auch das Gesetz selbst ohne Änderung der Rechtslage aufgehoben werden.

8. Im Melde-, Matriken- und Volkszählungswesen wird, soviel ich sehe, die Frage nach der Religion gestellt, diese aber — zu Recht oder zu Unrecht — mit der Angabe der Kirchenzugehörigkeit beantwortet. Es hängt das wohl damit zusammen, daß die grundlegenden Vorschriften noch aus der Zeit stammen, da im wesentlichen jeder Religion eine Religionsgenossenschaft entsprach[190]),

[186]) Lammasch-Rittler, Grundriß, S. 363.

[187]) Vgl. Beil. 4 zu den Sten. Prot. d. Herrenhauses, XXI. Session, 1911, S. 5 ff.

[188]) Religiöse Stiftungen dürften kaum bestanden haben (Ges. Art. I, § 1, Abs. 3).

[189]) Ich schließe das daraus, daß das Gesetz (Art. I, § 1, Abs. 1) die Regelung der äußeren Rechtsverhältnisse durch eine Verordnung in Aussicht stellt, sobald Errichtung und Bestand der ersten Kultusgemeinde gesichert ist, diese Verordnung aber ebensowenig erschienen ist, wie die allenfalls weiter (Art. I, § 8) verheißene über die Mitwirkung der islamitischen Religionsdiener bei der Führung der Matriken.

[190]) Mit dem kaiserl. Patent vom 20. Februar 1784 (Jos. Ges. Slg., IV. Teil, Nr. 113) wurde die bisher bloß kirchliche Matriken-

zum anderen Teil damit, daß die Matrikenführung in Österreich (im Gegensatz zum Burgenlande) den Religionsgenossenschaften anvertraut ist, und nicht zuletzt damit, daß die Verordnung vom 20. Oktober 1870, RGBl. Nr. 147, zur Durchführung des Gesetzes über Eheschließung und Matrikulierung der Personen, die keiner anerkannten Kirche oder Religionsgesellschaft angehören, vom 9. April 1870, RGBl. Nr. 51, für diese Personen die unpassende Eintragung „konfessionslos" vorschreibt (§§ 1 und 3). In jüngster Zeit scheint man davon abgehen zu wollen. Wenigstens schrieb ein Erlaß des Bundeskanzleramtes im Gegensatz zur letzterwähnten Verordnung anläßlich des Todesfalles einer Presbyterianerin in Österreich dessen Eintragung in das Sterbebuch „unter ausdrücklicher Hervorhebung der Religionszugehörigkeit der Verstorbenen" vor. Ihm folgten zwei weitere Erlässe des gleichen Amtes, die ähnliches bezüglich der Anglikaner und der Adventisten gestatteten[191]). Aber noch gelegentlich der letzten Volkszählung wurde Religions- und Kirchenzugehörigkeit zusammengeworfen. In der Belehrung zur Ausfüllung der Spalte 15 „Religionszugehörigkeit" des Wohnungsbogens hieß es: „Hier ist die Religionsgesellschaft, der die Person zugehört, genau anzugeben ... Für Personen ohne Religionszugehörigkeit ist ‚konfessionslos' einzusetzen"[192]).

9. StV. (10. September 1919, StGBl. Nr. 303/1920).

---

führung auch von Staats wegen eingeführt und die Matrikenführung für die Akatholiken den katholischen Pfarrern übertragen. In den vorgeschriebenen Formularien (siehe diese bei F. J. v. Mahl-Schedl, Matriken [Österr. Staatswb., 2. Aufl., 3. Bd., Wien, 1907], S. 539 f., und Schindler, Matriken, S. 219, 229 u. 239) war daher als Religion stets katholisch und protestantisch vorgezeichnet. Zu letzteren wurden von Amts wegen im HKD. vom 30. Juli 1789, Z. 1691, auch die Mennoniten gezählt. Sie wurden eben amtlich als Lutheraner betrachtet (Burckhard, Standesregister, S. 190). Wenn diese vor den „akatholischen" (protestantischen) oder in dessen Ermangelung im Sinne des Hofdekretes vom 16. März 1782 (Slg. in Pubbl.-Eccl., Nr. 165) vor dem katholischen Pfarrer heirateten, wurden sie demnach im Trauregister unter die Protestanten eingereiht, trotzdem sie ihrer Religion nach Mennoniten (Wiedertäufer) waren.

[191]) Erl. d. Bundeskanzleramtes (Inneres) vom 27. November 1933, Z. 227.636 (Presbyterianer), vom 23. Dezember 1933, Z. 253.006 (Anglikaner) und vom 19. November 1934, Z. 311.454 (Adventisten) (Amtl. Nachr. d. niederöst. Landesreg., 1934, S. 14 u. 196; Wiener Diözesanblatt, 1934, S. 4, 74 u. 157).

[192]) BGBl. von 1934/I, Nr. 80, S. 168.

Er behandelt unter dem Titel „Schutz der Minderheiten" teils Persönlichkeits-, teils Minderheitsrechte. Soweit die Religion in Frage kommt, gewährt er in ersterer Hinsicht allen Einwohnern Österreichs ohne Unterschied der Religion Schutz von Leben und Freiheit sowie freie Religionsübung (Art. 63) und allen Bundesbürgern ohne Unterschied der Religion Gleichheit vor dem Gesetz (Art. 66), in letzterer Hinsicht den religiösen Minderheiten Wahrung und bedingte Förderung ihrer Einrichtungen (Art. 67 und Art. 68, Abs. 2). Bedeutsam ist hiebei, was bisher übersehen wurde, daß das Wort „Religion", bzw. die Worte: „Glauben, Religion oder Bekenntnis", die verschiedentlich vorkommen, nicht immer im gleichen Sinne Verwendung finden. Wo vom Schutz von Leben und Freiheit aller Einwohner und von der gesetzlichen Gleichheit aller Bundesbürger die Rede ist, ist offenbar auch die Nichtreligion oder Religionslosigkeit mitzuverstehen (Art. 63, Abs. 1, und Art. 66); wo von der Freiheit der Religionsübung gesprochen wird (Art. 63, Abs. 2), ist nur an eine (anerkannte oder nicht anerkannte) Gemeinschaftsreligion, also an ein Bekenntnis zu denken, soweit öffentliche Religionsübung gewährt wird, auch an eine Privatreligion, wo es sich bloß um private Religionsübung handelt. Ausgeschlossen ist hier aber Religionslosigkeit, da diese eine Religionsübung gar nicht zuläßt. Wo endlich von Minderheiten die Rede ist (Art. 67 und 68), kann nur eine Gemeinschaftsreligion in Frage kommen; ausgeschlossen bleibt hier auch der Träger einer Privatreligion, weil er in seiner Vereinzelung nicht „einer Minderheit nach Religion angehören" kann, er kann höchstens eine solche bilden.

Abgesehen von dem Zugeständnis öffentlicher statt bloß privater Religionsübung an die nicht anerkannten Bekenner[193]) und die — hier nicht in Betracht kommende — bedingte Förderung religiöser Minderheiten — brachte der StV. in Religionssachen inhaltlich nichts Neues[194]), nur daß die bis-

[193]) Daß dadurch jeder Unterschied zwischen anerkannten und nicht anerkannten Religionsgenossenschaften gefallen sei, behauptet irrig H. Kelsen, Österreichisches Staatsrecht, Tübingen, 1923, S. 62. Richtig Adamovich, Staatsrecht, S. 111 f.; R. Herrnritt, Österreichisches Verwaltungsrecht, Tübingen, 1925, S. 296, und Gerdes, Konfessionslosigkeit, S. 29; richtig auch VfGE. vom 16. Mai 1927, Slg. 802, und Min. Erl. vom 16. Dezember 1927, Z. 22.508 (Katechetenrecht, S. 27[23]).

[194]) Insbesondere auch keine Änderung im Eherecht: Walker

herigen Schutzbestimmungen nunmehr unter die Gewähr des Völkerbundes gestellt wurden[195]). Abwegig ist es daher, wie es der Verwaltungsgerichtshof[196]) tat und oben schon (unter P. 6) erwähnt wurde, mit Berufung auf den Staatsvertrag die Konfessionslosigkeit, will sagen Religionslosigkeit, auch für Kinder anzuerkennen. Er übersah dabei die im Vorstehenden geschilderte verschiedene Bedeutung des Wortes Religion sowie die Tatsache, daß der Staatsvertrag im Art. 67 in der Religion ein gewichtiges Erziehungsmittel erblickt[197]). Richtig verstanden besagt der Staatsvertrag, abgesehen von den zwei angegebenen Einschränkungen, nichts anderes, als schon das StGG. besagte: Die Religionslosigkeit der Kinder wird auch hier nicht zugelassen, wohl aber jede Gemeinschaftsreligion.

10. Verf. (1. Mai 1934, BGBl. II, Nr. 1). Die neue Bundesverfassung gewährt gleich der bisherigen (1920), nur mit ausdrücklicher Einschränkung auf Religionsmündige, Glaubens- und Gewissensfreiheit (Art. 27, Abs. 1). Diese bezieht sich naturgemäß auf jegliche Religion, aber auch auf Religionslosigkeit. Das gleiche gilt von den Bestimmungen, daß Rechte und Pflichten durch die Religion nicht berührt werden (Art. 27, Abs. 2) und daß vor dem Gesetze alle Bundesbürger gleich sind (Art. 16, Abs. 1). Doch können in letzter Hinsicht um der Religion willen sachlich gerechtfertigte Ausnahmen, insbesondere im Schuldienste (Art. 27, Abs. 2), gemacht werden (Art. 16, Abs. 1, 2. Satz). Diese Ausnahme ist nicht so neu, als sie sich gegenüber der früheren schroffen Formulierung („Vorrechte ... des Bekenntnisses sind ausgeschlossen"; Verf. 1920, Art. 7, Abs. 1) ausnimmt[198]). So war schon bisher im Protestantenpatent (kais. Pat. vom 8. April 1861, RGBl. Nr. 41, § 16) vorgeschrieben, daß die Beamten der evangelischen Abteilung des Unterrichtsministeriums evangelisch sein müssen. Ferner war das Eherecht seit jeher konfessionell geregelt. Insbesondere sollte durch die neue Ausdrucksweise der Verfassung wohl die oft angefochtene Bestimmung des Gesetzes vom 2. Mai 1883, RGBl.

in Klangs Kommentar, I/1, S. 322, und Lenhoff, ebdort, S. 373; ebenso ders., Auflösung, S. 12 ff.; dazu OGCE. vom 16. Dezember 1924, SZ. VI, 398, und vom 29. September 1925, SZ. VII, 288; gegenteiliger Meinung ist Burkart, S. 5 ff.

[195]) Froehlich, Wirkungen, S. 421 f.

[196]) VwGE. vom 18. Jänner 1924, Slg. 13. 429 (A).

[197]) Köstler, Religionspolitische Bestimmungen, S. 330.

[198]) Vgl. dazu Merkl, Verfassung, S. 38 f.

Nr. 53 (§ 48, Abs. 2), gedeckt werden, wonach Schulleiter die Befähigung zum Religionsunterricht des Glaubensbekenntnisses der Schülermehrheit haben und daher diesem angehören müssen[199].

Die Freiheit der Religionsübung ist nach ihren beiden Seiten hin, Freiheit der Ausübung und Verbot jeglichen Zwangs hiezu, geregelt. In erster Hinsicht wird (Art. 27, Abs. 1) zwischen öffentlicher und privater Religionsübung unterschieden. Jene steht jeder Gemeinschaftsreligion zu (Kultusfreiheit), diese überdies auch der Privatreligion. In allen Fällen besteht gleichmäßig die Einschränkung, wie früher (StGG. Art. 16), daß die Religionsübung „weder rechtswidrig noch sittenverletzend" sein darf. In Übereinstimmung mit dem StV. (Art. 63, Abs. 2) heißt es in der jetzigen Verfassung (Art. 27, Abs. 1), „sofern diese (Religionsübung) nicht mit der öffentlichen Ordnung oder den guten Sitten unvereinbar ist". Der Unterschied gegenüber früher liegt wohl nur im Wort, nicht in der Sache, da die öffentliche Ordnung doch wohl wieder nur die Rechtsordnung ist. Nur die Religionslosigkeit kommt für eine Religionsübung nicht in Frage. Die Versammlungen der Gottlosen sind eben keine Religionsübungen. In letzterer Hinsicht (Art. 27, Abs. 3) wird jeder Zwang zu einer kirchlichen Handlung oder zur Teilnahme an einer kirchlichen Feierlichkeit ausgeschlossen. Wie schon dem Worte „kirchlich" zu entnehmen ist, bezieht sich die Bestimmung nur auf Gemeinschaftsreligionen, hier auf alle, gleichgültig, ob anerkannt oder nicht. Eine Privatreligion kennt eben keine kirchliche Handlung und keine kirchliche Feierlichkeit, kann aber auch, weil sie höchst persönlich ist, nicht andere miteinbeziehen. Daß Religionslosigkeit außer Betracht bleibt, bedarf erst keiner Erörterung.

Auf Religionsgenossenschaften beziehen sich jetzt die Art. 28—30. Neben die „gesetzlich anerkannten Kirchen und Religionsgesellschaften" in öffentlich-rechtlicher Stellung treten nunmehr — wie ich das seinerzeit[200] empfohlen und auch oben (1. Abschnitt g. E.) bereits erwähnt habe — auch Religionsgemeinschaften in privatrechtlicher Stellung als „zugelassene Religionsgemeinschaften". Man wird demnach

[199] Sie war durch VfGE. vom 19. Oktober 1925, Slg. 449 (wiederholt in VfGE. vom 29. Februar 1928, Slg. 958). als durch Art. 66 f. StV., aufgehoben erklärt worden. Dazu Hussarek, Kirchenpolitische Gesetzgebung, S. 35 f.

[200] Köstler, Religionspolitische Bestimmungen, S. 328 f.

künftig unterscheiden müssen die anerkannten, die zugelassenen und die freien Religionsgemeinschaften.

5. Ergebnis und Folgerungen

Ich fasse zusammen: Religion und Religionsgenossenschaft — und demgemäß Glaubens- und Kirchenzugehörigkeit — sind streng voneinander zu scheiden. Unter Religion wird im Gesetz bald nur die anerkannte, bald auch die nicht anerkannte Gemeinschaftsreligion verstanden, bald auch die Privatreligion und schließlich — bei der Glaubens- und Gewissensfreiheit — sogar die Religions- und Glaubenslosigkeit mitinbegriffen. Die letzten drei werden unter dem Ausdruck Konfessionslosigkeit zusammengefaßt, was zu Unklarheiten und Mißverständnissen führt. Oft wird im Gesetz auch von Religion gesprochen und Kirchenzugehörigkeit gemeint, so insbesondere in den Evidenzvorschriften (Meldewesen, Matrikenführung, Volkszählung). Welche Bedeutung dem Wort zukommt, ist stets aus dem betreffenden Gesetz, unter Bedachtnahme aber auch aller übrigen, zu ermitteln. Als Regel kann gelten:

Religion und Religionszugehörigkeit haben im Auge das ABGB. (insbesondere im Eherecht), teilweise das StG. (Religionsstörung), durchwegs das EidG., ausnahmsweise das RBSchG. (Religionsunterricht), das InterkG., soweit es die Religion der Kinder bestimmt, teilweise das AnerkG. (Religionslehre), teilweise der StB. (Religionsfreiheit) und die Verf. (Religionsfreiheit). Religionsgenossenschaft und Kirchenzugehörigkeit kommen in Frage für einzelne Bestimmungen des ABGB. (Aufgebot, Trauung, Immatrikulierung, Kirchenvermögen) und des StG. (Beleidigung einer Religionsgenossenschaft), hauptsächlich für das SchulG. (Beistellung der Religionslehrer und Überwachung des Religionsunterrichtes), das InterkG., soweit es nicht von der Religion der Kinder handelt, das AnerkG. und die Evidenzvorschriften (Melde-, Matriken- und Volkszählungswesen), schließlich für einzelne Bestimmungen des StB. (Kultusfreiheit) und der Verf. (Religionsgenossenschaften).

Diese meine scharfe Scheidung zwischen Religion und Religionsgenossenschaft führt teilweise zu anderen Ergebnissen als die herrschende Lehre, hilft dabei meines Erachtens aber auch über gewisse Schwierigkeiten und Unklarheiten hinweg, die heute geradezu als unlösbar und unaufhellbar erscheinen. Einige Beispiel sollen das aufzeigen, in denen ich der herrschenden Meinung meine Auffassung gegenüberstelle:

1. Ein Kind christlicher Eltern wird der betreffenden Kirche nicht zugeführt oder von ihr nicht aufgenommen. Es ist und bleibt daher „konfessionslos". Wird es von der gesetzlich zuständigen Kirche nicht aufgenommen, so müßte man infolge richtiger Fortführung der Anschauung des Verf.-Gerichtshofes darin eine Verletzung der Glaubens- und Gewissensfreiheit der Eltern erblicken. Denn wenn das genannte Gericht der Meinung ist, daß durch die Weigerung der Behörde, die Konfessionslosigkeit der Kinder konfessionsloser Eltern anzuerkennen, die Gewissensfreiheit der Eltern verletzt wird, so müßte er ebenso umgekehrt zugeben, daß die Nichtaufnahme eines Kindes in die Religionsgenossenschaft der Eltern, der das Kind überdies nach dem Gesetze von Staats wegen anzugehören hat, die Gewissensfreiheit verletzt. Das Kind braucht, trotzdem es das Gesetz der Religion seiner Eltern zuweist, wegen seiner Konfessionslosigkeit nicht religiös erzogen zu werden, weder von den Eltern, noch in der Schule, wo die betreffende Kirche für den Religionsunterricht sorgt und das Kind davon — wegen seiner Konfessionslosigkeit — ausschließen kann. Ohne Verschulden der Eltern wird so weder der Vorschrift des ABGB. über die religiöse Erziehung der Kinder noch den Vorschriften des RVSchG., desgleichen auch nicht dem InterkG. Folge geleistet oder Genüge getan. Die Eltern können so unter Umständen das Kind gar nicht ihrer Glaubensgenossenschaft zuführen. Sie können es aber auch nicht einer anderen, etwa verwandten Religionsgenossenschaft überweisen, weil das dem InterkG. widerspricht. Sie könnten es nach der herrschenden Lehre in eine nicht anerkannte Religionsgemeinschaft aufnehmen lassen. So könnten etwa evangelische Eltern des helvetischen Bekenntnisses ihre Kinder in der nahe verwandten Religion der Anglikaner erziehen lassen, da diese als Konfessionslose gelten. Das widerspräche aber wieder dem Grundgedanken des InterkG., wonach die Kinder grundsätzlich in der Religion ihrer Eltern erzogen werden sollen. Aus dem Wirrwarr gibt es nach der herrschenden Lehre wohl kaum einen Ausweg.

Meines Erachtens wäre ein solcher gegeben: Vor allem wird das Recht der Gewissensfreiheit nicht verletzt, weil es sich hiebei um ein höchst persönliches Recht der Eltern handelt, das auf das Kind nicht übergehen und sich auf es auch nicht erstrecken kann, dieses vielmehr das Recht selbständig, aber erst mit der Religionsmündigkeit erlangt. Obgleich das Kind der Religionsgesellschaft der Eltern nicht zugeführt oder von ihr nicht angenommen wird, ist es doch in ihrer Religion zu erziehen und in der Schule darin zu unterrichten. Sollte sich die betreffende Kirche weigern, das Kind an ihrem Religionsunterricht teilnehmen zu lassen, wozu sie nicht verhalten werden kann, dann müßten die Eltern, gleichwie wenn der Religionsunterricht an der Schule nicht abgehalten wird, das Kind selbst unterrichten oder unterrichten lassen. Jedenfalls aber muß es religiös, und zwar in der Religion der Eltern, der es von Gesetzes wegen angehört, erzogen werden.

2. Heiratet später solch ein Kind, ohne an seinem Religionsverhältnis etwas geändert zu haben, so gilt es weiterhin als „konfessionslos", kann daher in Österreich nur vor dem Standesamt heiraten und wieder eine Person, die konfessionslos oder Jude oder Mohammedaner hanefitischen Ritus ist. Auch im Ausland hat es als konfessionslos für die Eheschließung zu gelten.

Nach meiner Auffassung ist das heiratslustige Kind Glaubenschrist und kann daher wieder nur eine christliche Person eines anerkannten oder nicht anerkannten Bekenntnisses — also jedenfalls eine christliche Person — heiraten. Da Aufgebot, Trauung und Matrikulierung sich aber nicht nach der Glaubens-, sondern nach der Kirchenzugehörigkeit richtet, wäre kein christlicher Seelsorger zuständig, sondern nur das staatliche Standesamt, das eben für „Personen, welche keiner gesetzlich anerkannten Kirche oder Religionsgesellschaft angehören", ausschließlich in Betracht kommt. Um bei einer Mischehe eine konfessionelle Trauung zu erreichen, gäbe es als Ausweg, wie schon oben (Abschnitt 4, P. 1, b) angedeutet, die Erwirkung der Nachsicht vom Aufgebot und Vornahme der Trauung durch den für den anderen Teil zuständigen Seelsorger. Heiratet die in Rede stehende Person im Auslande, müßte sie dort als Christ in Betracht kommen, da eben hiefür Glaubens- und nicht Kirchenzugehörigkeit entscheidet.

3. Soll eine solche Ehe geschieden oder getrennt werden, so ist sie wegen der „Konfessionslosigkeit" wie eine Ehe von „nichtkatholischen christlichen Religionsverwandten" zu betrachten und ist als solche trennbar (ABGB. § 115). ABGB. § 111, der die Untrennbarkeit ausspricht, „wenn auch nur ein Teil schon zur Zeit der geschlossenen Ehe der katholischen Religion zugetan war", kommt nicht in Betracht, da nach

der herrschenden Auffassung zwischen Katholiken und Konfessionslosen das Hindernis der Religionsverschiedenheit besteht.

Nach meiner Anschauung kann die Ehe auch untrennbar sein, weil die betreffende Person selbst oder ihr Ehepartner zur Zeit der Eheschließung der katholischen Religion zugetan gewesen sein konnte. Denn die in Rede stehende Person ist für die Eheschließung als Christ zu betrachten und daher auch die Ehe als christliche.

4. Kommen Kinder aus dieser Ehe, so müßten sie nach der älteren, strengeren Auffassung einer anerkannten Religion und Religionsgesellschaft zugeführt werden, nach der jüngeren des Verwaltungsgerichtshofes könnten sie auch konfessionslos, d. h. religionslos bleiben, weil auch Konfessionslosigkeit als Religion anzusehen sei.

Nach meiner Anschauung müßten sie jedenfalls religiös erzogen werden, und zwar entweder in der tatsächlichen Religion des Vaters oder der Mutter, je nach dem Zutreffen der Voraussetzungen nach dem InterkG. Die Erziehung könnte — wieder je nach den Voraussetzungen — in einer anerkannten oder nicht anerkannten Religion erfolgen, nie aber in einer Privatreligion oder ohne Religion.

5. Besondere Schwierigkeiten boten bisher Religion und religiöse Erziehung der Kinder von Dissidenten. Diese müssen jene in einer anerkannten Religion erziehen, war die ältere Lösung, die jüngere die, daß sie ohne Religion und ohne religiöse Erziehung gelassen werden können.

Nach meiner Auffassung folgen die Kinder der Religion der Eltern, auch wenn diese Dissidenten werden, jedoch mit zwei Einschränkungen: die Kinder dürfen nicht über 7 Jahre alt sein und die Eltern dürfen nicht eine Privatreligion oder Religionslosigkeit wählen. In diesem Falle bleiben die Kinder in der bisherigen Gemeinschaftsreligion ihrer Eltern oder diese haben eine solche zu bestimmen und sie darin zu erziehen. Der Übertritt zur „Konfessionslosigkeit“ ist also dann ein „Religionswechsel“, wenn die eine Religion gegen eine andere, wenn auch nicht anerkannte, eingetauscht wird — stets wird eine Gemeinschaftsreligion vorausgesetzt! — nicht hingegen, wenn bloß ein Religionsabfall vorliegt, d. h. Aufgabe der Gemeinschaftsreligion zugunsten einer Privatreligion oder der Religionslosigkeit.

6. Zu den „Konfessionslosen“ rechnet unsere Gesetzgebung auch die Anhänger der Freikirchen (Anglikaner,

Presbyterianer, Baptisten, Methodisten usw.), da sie keiner gesetzlich anerkannten Kirche oder Religionsgesellschaft angehören. Sie sind daher nach den jüngeren Entscheidungen gesetzlich nicht verpflichtet, ihre Kinder trotz ihrer eigenen christlichen Religion religiös zu erziehen.

Nach meiner Anschauung sind sie nicht nur berechtigt, sondern auch verpflichtet, ihre Kinder in ihrer Religion, der diese schon von Gesetzes wegen angehören, zu erziehen. Da die öffentliche Schule den entsprechenden Religionsunterricht nicht bietet, muß er privat gewährleistet werden.

7. Nach der herrschenden Meinung könnten Lippowaner, Mennoniten, Herrnhuter und armenische Griechen in Österreich nicht heiraten. Denn sie gehören einer gesetzlich anerkannten Kirche an und können daher nur vor ihrem ordentlichen Seelsorger, den sie jedoch durch den Wegfall der letzten Gemeinde gar nicht mehr haben, heiraten. Aus dem gleichen Grunde können ihre Standesfälle nicht matrikuliert werden. Der Ausweg, der hier kürzlich getroffen wurde, die Ziviltrauung und die Zivilmatrikulierung zu gestatten, entspricht nicht dem Gesetz, das diese Vorsorge nur für Personen kennt, die keiner anerkannten Religionsgenossenschaft angehören.

Nach meiner Auffassung steht der erwähnten Lösung gar nichts im Wege, da es sich tatsächlich um Personen handelt, die keiner gesetzlich anerkannten Kirche oder Religionsgesellschaft angehören, wenngleich sie eine anerkannte Religion haben.

8. Ein Kind katholischer Eltern wird protestantisch getauft. Nach gemeiner Meinung gilt es wegen der Taufe als Protestant und müßte als solches erzogen werden.

Meines Erachtens ist es Protestant nur seiner Kirche nach, seiner Religion nach aber ist es katholisch und muß katholisch erzogen werden.

9. Nach der herrschenden Lehre müssen die Eltern ihre Kinder, die von Gesetzes wegen einem anerkannten Bekenntnis anzugehören haben, auch in die zuständige Religionsgenossenschaft aufnehmen lassen. Das führt zur zwangsweisen Vornahme der Taufe oder der Beschneidung, wenn die betreffende Religionsgenossenschaft davon die Mitgliedschaft abhängig macht. Aller Zwang versagt aber, wenn die Religionsgesellschaft die Aufnahme verweigert, weil ihr niemand aufgedrängt werden kann.

Nach meiner Meinung bestimmt das Gesetz nur die Religion und verpflichtet die Eltern nur, sie darin zu erziehen, nicht sie auch in die Religionsgenossenschaft aufnehmen zu lassen, was bei einer nicht anerkannten Religion überhaupt nicht in Frage kommen kann.

Und nun noch eine letzte wichtige Frage bleibt zu erörtern: Wonach bestimmen sich Religions- und wonach Kirchenzugehörigkeit? Nach der herrschenden Meinung ist für beides auch von Staats wegen die Aufnahme durch die betreffende Religionsgenossenschaft ausschlaggebend. Das trifft aber nur für die anerkannten Religionen und nur soweit zu, als das Gesetz nicht Ausnahmen schafft. Nach meiner Meinung ist daher beides auseinanderzuhalten:

Für die Kirchenzugehörigkeit ist allerdings die Aufnahme entscheidend, denn die Religionsgenossenschaft hat es in der Hand, nur den aufzunehmen, den sie will; es gilt das insbesondere — was vielfach übersehen wurde — für die Wiederaufnahme eines Ausgetretenen, den sie vielleicht erst nach einer gewissen Bewährung oder überhaupt nicht mehr aufnimmt. Es handelt sich hier um eine innerkirchliche Angelegenheit, die sich auf den staatlichen Bereich voll auswirkt. Nur kennt dieser auch einen Austritt, der die kirchliche Aufnahme für den staatlichen Bereich hinfällig macht. Auch die Auswanderung hat nach meinen vorstehenden Ausführungen die gleiche Wirkung.

Für die Religionszugehörigkeit ist vor allem, wie oben schon gelegentlich ausgeführt wurde, nicht die innere Einstellung, die religiöse Gesinnung, die gar nicht erkennbar und nicht feststellbar ist, maßgebend, sondern die sogenannte äußere Religion, d. h. die Betätigung im Sinne einer bestimmten Religion. Hiebei wird die äußere Zugehörigkeit zu einer anerkannten Religionsgenossenschaft ein gewichtiges Anzeichen (Indiz) sein, bei einer nicht anerkannten Religion der Anschluß an religiös Gleichgesinnte, die Zugehörigkeit zu einer (außerrechtlichen) Glaubensgemeinschaft. Da regelmäßig nur der einer Religionsgenossenschaft angehört, der ihre Religion annimmt, so schafft die Aufnahme in eine anerkannte Religionsgenossenschaft zugleich eine Rechtsvermutung für die Religionszugehörigkeit, gegen die aber meines Erachtens — im Gegensatz zur herrschenden Meinung — der Gegenbeweis offensteht. Für Kinder bestimmt sich die Religion in erster Linie durch Gesetz und durch gesetzmäßigen Vertrag der Eltern. Der Aufnahme in die entsprechende Religionsgemeinschaft bedarf es hiefür nach österreichischem Recht nicht. Im übrigen können auch schlüssige Handlungen ausreichen. Als solche genügen aber zur Widerlegung der gegenteiligen Rechtsvermutung nicht ein einfaches Einbekennen, d. h. bloßes Angeben einer bestimmten Religion, auch nicht die Teilnahme an dem meist allgemein zugänglichen Gottesdienst, wohl aber schon die Teilnahme an religiösen Übungen (z. B. Empfang der Sakramente), Bewerbung um die Aufnahme in die Religionsgenossenschaft, Vorweisen einer amtlichen Urkunde (ohne betrügerische Absicht) namentlich in Verbindung mit einer irrigen amtlichen Auskunft, Widerruf der Austrittserklärung u. dgl. Der Nachweis muß voll erbracht werden. Im Einzelfall mag die Feststellung der Religion schwierig sein; das rechtfertigt es aber nicht, den Begriff der Religionszugehörigkeit einfach abzulehnen, da er im Gesetze begründet ist. Man sage auch nicht, der Staat könne nicht Untersuchungen über die Religionsbegriffe seiner Einwohner anstellen. Hier gilt es ja nur, eine Gemeinschaftsreligion festzustellen, und darüber stellt er doch auch Untersuchungen an, ehe er eine Religionsgenossenschaft genehmigt oder die Übung nicht anerkannter Religionen untersagt, oder wenn er das Religionsbekenntnis eines Menschen zu ermitteln hat, der in einem Staate ohne öffentliche Regelung religiöser Verhältnisse (z. B. Frankreich) lebt.

6. Schlußbetrachtung

Vollends zufriedenstellend ist auch meine im Vorstehenden gegebene Auslegung nicht — das gebe ich ohne weiteres zu —, nur entspricht sie meines Erachtens mehr der gesetzlichen Lage, ist gesetzestreuer als die verschiedenen sonstigen, überaus schwankenden Auslegungen. Schuld an diesem Schwanken sind zunächst Undurchsichtigkeit und Stückwerk der in manchem verbesserungsbedürftigen Gesetzgebung und daran wieder die Spröde des Gebietes, das sich nie voll befriedigend wird regeln lassen. Greift es doch in des Menschen Innerstes und rührt an Weltanschauungen, Gebiete, die rechtlich nicht zu meistern sind. Die Rechtsordnung wagt sich hier an die äußersten Grenzen vor. Begreiflicherweise zeigt sich daher in Gesetz und Auslegung eine gewisse Scheu vor dem schwer erfaßbaren Begriff der Religion. Er läßt sich vom Recht nicht umklammern; um ihn aber doch greifbar zu machen, ersetzt man ihn gern durch die Zugehörigkeit zu einem religiösen Verband. Das reicht aber nicht immer aus und führt zur Verquickung und Verwechslung von Religions-

und Kirchenzugehörigkeit, die im Grunde doch streng auseinander zu halten sind. Wie das beim Stande der gegenwärtigen Gesetzgebung zu tun ist, habe ich im Vorstehenden gezeigt; wie sich meine Anschauung auf die Auslegung des Konkordats auswirkt, habe ich bereits in dem Aufsatze: „Grundfragen des Konkordats-Eherechtes“ angedeutet.

GPSR Compliance

The European Union's (EU) General Product Safety Regulation (GPSR) is a set of rules that requires consumer products to be safe and our obligations to ensure this.

If you have any concerns about our products, you can contact us on ProductSafety@springernature.com

In case Publisher is established outside the EU, the EU authorized representative is:

Springer Nature Customer Service Center GmbH
Europaplatz 3
69115 Heidelberg, Germany

Batch number: 10844655

Printed by Printforce, the Netherlands